西方哲理译丛●

Friedrich Nietzsche

〔德〕尼采——著

梁余晶 王娟 任晓晋——译

善与恶的彼岸

金城出版社
GOLD WALL PRESS
·北京·

图书在版编目（CIP）数据

善与恶的彼岸 /（德）尼采著；梁余晶，王娟，任
晓晋译．—北京：金城出版社，2019.4
书名原文：Beyond Good and Evil
ISBN 978－7－5155－1640－0

Ⅰ.①善… Ⅱ.①尼… ②梁… ③王… ④任… Ⅲ.
①善恶－哲学理论－研究②哲学理论－德国－近代 Ⅳ.
①B82②B516.47

中国版本图书馆 CIP 数据核字（2018）第 008129 号

善与恶的彼岸

著　　者　[德] 尼采
译　　者　梁余晶　王　娟　任晓晋
责任编辑　李凯丽
开　　本　660 毫米×940 毫米　1/16
印　　张　16
字　　数　184 千字
版　　次　2019 年 4 月第 1 版
印　　次　2019 年 4 月第 1 次印刷
印　　刷　三河市双峰印刷装订有限公司
书　　号　ISBN 978－7－5155－1640－0
定　　价　39.80 元

出版发行　**金城出版社** 北京市朝阳区利泽东二路 3 号
邮编：100102
发 行 部　（010）84254364
编 辑 部　（010）84250838
总 编 室　（010）64228516
网　　址　http://www.jccb.com.cn
电子邮箱　jinchengchuban@163.com
法律顾问　北京市安理律师事务所　（电话）18911105819

原　序

假如真理是个女人——那会怎样？难道我们就不能去怀疑，既然所有的哲学家都是些教条主义者，他们其实一点也不了解女人？难道就不能怀疑，迄今他们接近真理时所特有的可憎的认真态度与笨拙的鲁莽行为，对于追求女人而言是拙劣且不恰当的方式？可以确定的是，她还从未答应过谁的求爱——于是今天每一种教条主义都还是垂头丧气、失魂落魄地站在那里。假如它们还是站着的话！因为有嘲笑者声称它们已经倒下了，所有的教条主义都已倒在了地上——甚至不仅仅是如此，所有的教条主义都已濒临死亡，奄奄一息。

说真的，我们有很好的理由来说明，为什么哲学上的一切武断说法，无论它们多么庄严，无论它们曾经摆出一副多么权威的架势，都只不过是一种高贵的幼稚与生涩。也许人们很快就会一次次领悟到，仅仅需要多么不起眼的一丁点儿东西，就足以为教条主义者迄今所修建的那些崇高而又绝对的哲学家的大厦打好根基：只需要某种来自于远古时代的大众迷信（譬如灵魂迷信，通过主体与自我迷信的形式，这种迷信甚至现在尚未停止作祟）；或许只需要一些文字上的游戏，语法上的蛊惑；或者只需要对一些极其狭隘的、极其个人化的、极其人性化的、实在太人性化的[①]事实进行大胆鲁莽的笼统概括。

我们希望，教条主义者的哲学只是一个跨越几千年的诺言——就像更早时候的占星术，人们在它上面所浪费的劳动、金钱、精力和耐心，也许比迄今花费在任何真正的科学上的都要多：亚洲与埃及的那种富丽堂皇的建筑风格，我们就应归功于占星术及其“超越世俗”的主张。仿佛一切伟大的东西首先都必须戴上恐怖与吓人的面具矗立于世，才能够在渴望永恒的人们心中刻下自己的名字：教条主义哲学就是这样的一个面具；例如，亚洲的吠檀多教义[②]和欧洲的柏拉图主义[③]。

我们不能不感谢它，虽然我们必须承认，从古到今人类犯下的最严重、最持久和最危险的错误就是教条主义者所犯的错误——柏拉图所发明的纯粹精神，以及这种精神上的善。但现在这种错误已经被纠正了，如今欧洲已经在这场梦魇过后开始重新自由地呼吸，至少能够享受更为健康的——睡眠，我们这些以保持清醒为己任的人，继承了反对这种错误的斗争所培养出的所有力量。可以肯定，当一个人像柏拉图一样地谈论精神与善之时，就意味着真理的颠倒，意味着作为一切生命基本条件的观察力的被否定。确实，人们也许会像医生那样提问：“古代最出众的人物柏拉图怎么可能染上这样一种疾病？是否邪恶的苏格拉底真的使他堕落了？难道苏格拉底真的是年轻一辈的毒害

---

① 此处喻指尼采在1878年出版的著作《人性的，太人性的》。

② 古代印度哲学中一直发展至今的唯心主义理论，婆罗门教六派哲学之一，印度哲学史上占统治地位的唯心主义哲学派别。

③ 即古希腊哲学家柏拉图的哲学，他宣称理念形式是绝对的和永恒的实在，而世界中实在的现象却是不完美的和暂时的反映。

者？他真的应该被那杯毒酒[1]毒死吗？”

然而，反对柏拉图的斗争，或者说得更清楚些，对于“人民”来说，反对几千年来基督教教会压迫的斗争——因为基督教对于“人民”而言就是柏拉图主义——已经在欧洲制造了一种巨大的精神紧张，此类精神紧张在地球上是空前的：现在，我们可以用一张拉得如此之紧的弓来射向最遥远的目标。当然，在欧洲人的经历中，这种紧张是一种痛苦状态；他们已经做出过两次正儿八经的尝试来松开弓弦——第一次是凭借耶稣会[2]教义，第二次是凭借民主启蒙运动。民主启蒙运动在新闻与读报自由的帮助下，也许真的能使精神不再那么容易觉得其本身是一种“必需”！（德国人已经发明了火药——真的是多亏了火药！——但接着他们又对此作出补偿：他们发明了印刷机。）但我们既不是耶稣会士，也不是民主主义者，甚至还算不上是德国人，我们这些善良的欧洲人，以及自由的、非常自由的精神——我们依然感觉得到精神的全部需求以及弓弦拉紧时的所有张力。或许还有箭、使命，以及——谁知道呢？——目标……

西尔斯－玛利亚

写于上恩加丁

1885 年 6 月

---

① 指雅典人判处苏格拉底饮鸩而死。

② 耶稣会：天主教修会之一，1534 年由西班牙贵族伊纳爵·罗耀拉在巴黎创立，1540 年得到教皇保罗三世的认可，其主要任务是教育与传教。1773 年教皇克莱门十四世宣布解散耶稣会，1814 年教皇庇护七世重新予以认可。

译　序

尼采是一位争议颇多的人物。一方面，他那危险而又新奇的思想让人难以理解，以至于被其同时代的人看作怪人与疯子。与大多数哲学家不同，尼采的著作多用散文体写成，而非一般意义上的哲学论著。其作品文笔优美，语言流畅，且充满了各种各样的修辞手法，又时常有一些短诗与散文诗点缀其间，毫无一般哲学著作的枯燥之感，因而他同时也被看作是一位文学家与诗人。虽然他独特的文风使其作品变得活泼生动，但同时也使它们显得涵义模糊，晦涩难解。自从尼采去世以来，有关其作品的争论就一直没有停止过。人们对他的思想作出了各种各样的解读，其中不乏许多臆想与虚构的解释与误读。比如，纳粹主义者将尼采的思想视为其理论依据，从而引发了一场惨无人道的大屠杀，这已被证明是二十世纪人们对于尼采思想的最大误读。另一方面，尽管尼采本人及其思想依然是一个谜，但不可否认他是人类有史以来最有影响力的哲学家之一。作为西方现代哲学的开创者，尼采最早开始批判西方现代社会。尤其是进入二十世纪以后，他的思想在人类知识与生活的各个方面都产生了深远的影响，后来的存在主义、弗洛伊德主义和后现代主义都明显地打上了尼采的印记。在以解构与消解中心为主要特征的后现代语境下，尼采更是成为各个思想流派所推崇的理论先驱。难怪有人认为，如果没有马克思与尼采，二十世纪可能完全是另外一个样子。

1844 年 10 月 15 日，弗雷德里希·威廉·尼采出生于普鲁士萨克森州勒肯镇的一个乡村牧师家庭。由于这一天恰好是普鲁士国王弗雷德里希·威廉四世的生辰，而尼采的父亲曾做过威廉四世的宫廷教师，执教过四位公主，深得国王的信任，所以他获得了恩准，以国王的名字为儿子命名。儿时的尼采曾梦想过像父亲那样做一位牧师，经常学着父亲的样子在家里布道。然而，父亲的过早去世却在他心灵之中留下了无法抹去的伤痕。从此，尼采在家中一群女人的照顾下长大，这就使他养成了一种脆弱而敏感的性格。他不喜欢和陌生人打交道，也不喜欢在外面玩，人也逐渐变得孤僻。尤其是在他那笃信清教的母亲的影响下，尼采终生保持着清教徒一般的纯朴生活方式。他幼时对音乐和诗歌表现出了强烈的兴趣，母亲为他请了最好的钢琴教师，这成了尼采一生的精神寄托。

1864 年，尼采进入波恩大学，攻读神学和古典语言学，但他对前者没有什么兴趣，一学期以后便不再学习神学了。与此同时，他开始接触叔本华的哲学思想并为之吸引，这些思想促使他开始了自己独特的哲学思考。1869 年，年仅 25 岁的尼采被聘为巴塞尔大学古典语言学系副教授，从此开始了他的执教生涯。他于 1872 年出版了处女作

《悲剧的诞生》，这部作品受到一部分人的狂热追捧，也受到了另一部分人的排斥，因而从一开始他就成了一个充满了争议的角色。1879年，尼采辞去了巴塞尔大学的教职。在接下来的十年时间里，他浪迹天涯，四处漫游，同时不停地进行创作。这一时期也是其创作的黄金期，他写下了《人性的，太人性的》、《曙光》和《快乐的科学》。1883年到1884年，尼采完成了他最重要的作品《查拉图斯特拉如是说》。借助查拉图斯特拉这一虚构的形象，他首次提出了著名的“超人”理想，宣称“上帝死了”，要“重估一切价值”。1886年到1887年，他又相继写成了《善与恶的彼岸》和《道德的谱系》，这两部著作主要由他在漫游时所写下的一些箴言与随笔整理而成。之后，尼采几乎是一气呵成了包括《瓦格纳事件》和《偶像的黄昏》在内的五部作品，显示出旺盛的精力和创作欲望。然而，长期的孤独，终于使得这位独特的哲学家丧失了理智，他的精神分裂症日渐加重，健康状况也急剧恶化，被送进了耶拿大学医院精神科。1900年，当整个欧洲大陆正沐浴着新世纪的曙光时，这位不为世人所理解的孤独的哲学家却合上了双眼。尼采的思想超越了他的时代，他当然不知道自己的思想会在这即将到来的世纪掀起多大的波澜！

《善与恶的彼岸》在尼采的著作中有着独特的地位。在此之前，他写了《查拉图斯特拉如是说》，但这本书太难懂、太晦涩了，通篇都是隐喻和象征，让人初看时不知所云，于是尼采写了《善与恶的彼岸》，作为对前者的解释与阐述。因此，《善与恶的彼岸》可以看作是以一种比较直接明了的方式来讲解《查拉图斯特拉如是说》中的内容。除此之外，尼采写作此书还有另外一个目的，即为后来写作《权力意志》作准备。由此可见，这本书在尼采的著作之中实际上是处于一个承上启下的地位，其重要性不言而喻，列奥·施特劳斯甚至认为这是尼采最重要的一本著作。

按照一般的看法，尼采的思想可以大致分为两个部分，其一是重新估价一切价值，其二是权力意志与超人哲学，这两者在《善与恶的彼岸》中都有充分的体现。尼采无情地抨击世俗道德和基督教，反对理性，这实质上就是反对十九世纪以前的一切西方文明。我们知道欧洲文明起源于古希腊，而古希腊的哲学崇尚理性，赫拉克利特认为万物都有其“逻各斯”，柏拉图主义也认为在现实世界的背后存在着一个“理念世界”，现实中的一切都受其支配，都只不过是在对其进行模仿。因此，古希腊哲学的一个重要特点就是对于终极意义的向往，不顾一切地想要追求真理，这一传统也一直影响到后来的欧洲哲学。然而，在《善与恶的彼岸》第一章的开篇部分，尼采一反常态地提出了一个尖锐而又叛逆的问题：真理有什么价值？我们为什么要追求真理？世上到底有没有真理？在第一章的余下部分，尼采逐一驳斥了从古希腊以来的各流各派的哲学，这些哲学流派都自认为找到了真理，但通过尼采的分析，它们无一不是哲学家们主观的产物，都带有了哲学家本人的偏见，因此都不是真理。尼采从根本上否定了西方的形而上学传统，从而提出了他自己的“行动哲学”，为二十世纪非理性哲学的发展铺平了道路。尼采对于理性的否定态度，还表现在他反对基督教及其道德体系。在从犹太教到基督教的发展过程中，希腊哲学的影响是不可忽视的。从《旧约》中无形的上帝变为《新约》中有形的耶稣，这实际上体现了希腊传统中的理性主义精神。基督教思想是有其中心的，这个中心是“上帝”或“耶稣”，其他一切教义和道德观念都是围绕着这个中心展开的。就如同反对理性一样，尼采想要摧毁这个中心，于是他宣称：“上帝死了。”上帝一死，整个基督教思想体系也就土崩瓦解，这样，一切价值就将“放在查拉图斯特拉的天平上重新衡量”。尼采的解构精神使其成为了哲学发展史上的一道分水岭，之后是滚滚而来的后现代思潮。

有破则有立。尼采消解了过去的一切传统，紧接而来的是一片虚无，但在尼采眼中，这是一种积极的虚无主义。和叔本华不同，尼采的虚无主义是一种充满力量的精神，这种精神的来源是酒神狄俄尼索斯。酒神精神代表了人类在面临崩溃之时的乐观主义，一种在悲剧之中奋起抗争的勇气，是在黑暗深处的放纵欢笑。它没有善恶之分，不受道德的约束，体现了生命本真，即权力意志。它实际上既不悲观，也不乐观，而是处于这两者之上，在人生悲剧的洗涤之中，感受到一种深沉的悲剧快感。这便是尼采哲学的精髓所在。

《善与恶的彼岸》全书都是由箴言与随笔组成，虽然比《查拉图斯特拉如是说》显得更加理论化一些，但还远远称不上一部论述严谨的哲学论著。尼采采用这样一种文学化的方式来写作，也许是与他一贯的反理性观点相一致的。松散的论述使得全书的中心模糊不清，也使得解读方式变得多种多样。鲁迅先生曾言：“尼采是个疯子。”这句话的本意已经无可查考，也许他是说尼采思想疯狂，也许他指的只是尼采最终精神分裂这一事实。但在中国，疯子并不见得是贬义词，中国自古就有尊重疯子的传统，疯子往往是世外高人的代名词，比如那个嘲笑孔子的楚狂接舆。那么就让我们来看看这位德国疯子说了些什么，看看这些文字究竟是狂人的呓语，还是智者的箴言。因为有时在某个历史阶段，当疯狂成为世界的主流之时，便只剩下那么几个正常人，于是这几个正常人就被别人称作疯子。

译　者

目　录

第一章　论哲学家的偏见

1

追求真理的意志仍将会诱使我们一次次去冒险。到目前为止，所有的哲学家都怀着敬意谈起过那著名的真理特性——又有什么问题这种追求真理的意志没有在我们面前展示过呢？那些问题多么古怪，多么捣蛋，多么没道理！这种事情由来已久——但又让人感觉压根还没开始。如果我们最终变得疑心重重，毫无耐心，不耐烦地转身而去；或者最后我们学着像这位斯芬克斯①一样提问，那又有什么奇怪的呢？到底是谁在向我们提问呢？到底是我们身上什么东西真的想要“真理”呢？

确实，一问到是什么导致了这种意志，我们就长久地止步不前了——直到最终我们面对一个更基本的问题时就完全放弃了前进。我们询问这种意志的价值何在？假若我们想要真理：为什么不想要谎言？不想要不确定性？或者不干脆就要无知呢？

真理的价值问题摆在了我们面前——或者是不是我们自己来到了

---

① 古希腊神话中狮身人面的怪物，喜欢让人猜谜语，猜不出来的人就被它吃掉，后被俄狄浦斯猜中谜底，于是它便自杀而死。

它的面前？这里哪边是俄狄浦斯？哪边是斯芬克斯？这情形就仿佛就是一场问题与问号的约会。

似乎从来没人提过这问题，这虽然让人难以置信，但我们最后十有八九会这样觉得——仿佛我们是第一个看到它，盯着它，冒险提出它的人。因为提出这个问题是有危险的，也许比其他任何一种危险都要大。

2

“万物怎能由其对立面产生？比方说，真理出自谬误？追求真理的意志源于想要欺骗的念头？无私的行为来自于自私？或者，智者心清目明乃是源自贪欲？这些都是不可能的；凡是这样想的人都是傻瓜，甚至连傻瓜都不如；价值最高的事物必有另一种独特的来源——它们不可能来自于这个转瞬即逝、诱惑重重、虚幻不实、不值一提的世界，不可能来自于这一团妄想与欲念交织的混乱之中！确切地说，其来源在神的怀抱里，在那永恒之中，在看不见的上帝那里，在‘自在之物’中——它们的根源必定在那里，不可能在别处！”

这种判断方法形成了一种典型的偏见，从古到今的所有玄学家都持有这个偏见；这种评价方式藏在他们所有逻辑推理过程的背后，若隐若现；正是由于有了这种“信仰”，他们才会不嫌麻烦地去寻求“知识”，去寻求那个最终被庄重地命名为“真理”的东西。玄学家的基本信仰是信仰对立价值观。哪怕是他们之中最小心认真的人也没有意识到这种信仰在开端处（事实上这是最需要怀疑的地方）就值得怀疑——即使他们对自己发誓：“要怀疑一切。①”

① “要怀疑一切。”——笛卡尔。

究竟有没有对立物存在，这是首先值得怀疑的地方；其次，玄学家们推崇的这些流行的评价方式和对立价值观是否只是肤浅的评价，一时的眼界，甚至可能是从某一角落看到的眼界，也许是从下往上看到的景象，这里借用一下画家的表达方式："青蛙视角。"与真、真实、无私所拥有的一切价值相对应，人生中依然有可能存在着一种更高、更基本的价值，这种价值属于欺诈、自私与贪欲。甚至有可能，这些令人尊敬的善的事物之所以具有价值，正是因为他们与那些恶的、看似与其相反的东西之间的隐秘联系，两者结合在一起，纠缠在一起——也许甚至他们本质上就是一样。也许！

但是谁又愿意去关心如此危险的"也许"呢？为此，人们确实必须等待一类新的哲学家出现，这类人要具有另一种与我们目前已知的哲学家相反的爱好和倾向——在各种意义上他们都与那些危险的"也许"发生联系。

说真的：我看见这种新的哲学家正在出现。

3

在长时间地研读哲学家的著作以及思考他们那些言外之意以后，我对自己说：到目前为止，大部分有意识的思维还是属于本能活动，甚至哲学思维也是如此。这里我们必须进行再认识，就像人们曾被迫再认识遗传和什么是"天生"。人的分娩这一行为在整个遗传过程中并无特别之处，同样的道理，在任何决定性意义上"有意识"都不会是本能的反义词：一个哲学家绝大部分有意识的思维都被他的本能暗中操纵着，并被强迫着遵循某种思维模式。

同样，从表面上看逻辑思维控制着动作，然而在这种控制权与一切逻辑的背后，存在着一些评价方式，或者说得更清楚些，一些生理上的要求，要求保持一种特定的生活类型。比方说，确定的东西比不确定的东西更有价值，表面现象的价值比不过“真理”——如果只从表面上看而不考虑它们在树立规则方面对我们的重要性，这类评价方式也许是一种愚蠢，而这种愚蠢却是像我们人类这种生物得以存在所必需的。更确切地说，何不设想一下如果人类并不是仅有的“万物的衡量标准①”……

4

在我们看来，判断的不正确性并不见得就是我们反对判断；在这方面我们的新观点也许听起来最让人觉得奇怪。问题在于在何种程度上这个判断能够起到促进生存、维持生存、维持各民族、也许甚至教化各民族的作用。从根本上我们倾向于认为最错误的判断对我们来说最重要（先验的综合判断也属于此类）；如果不相信逻辑的花言巧语，不拿现实与纯粹虚构的绝对、永恒的世界相比较，不持续不断地通过数字来捏造这个世界，人便没法生存——拒绝错误的判断将意味着拒绝生活，否认人生。认识到谎言乃是人生的条件——这当然意味着以一种危险的方式抵制传统的价值情感；而一种敢冒此险的哲学也将因此孤独地置身于善与恶的彼岸。

---

① “人类是万物的衡量标准。”——普罗塔哥拉（约前480～约前410年，希腊哲学家）。

5

一个人用半是怀疑、半是嘲弄的眼光看着所有哲学家，并非因为他一次次发现他们何其天真——他们太经常、太轻易地犯下错误，误入歧途；简而言之，他们的孩子气和孩童般的性情——而是因为他们在工作中不够诚实，虽然一旦有涉及真实性的问题出现，哪怕再遥远，他们都会发表一大堆冠冕堂皇的嘈杂言论。他们全都摆出一副姿态，仿佛他们是通过辩证法的自我推理而发现、获得了他们的真实看法，而这种辩证法是客观的、纯粹的、与超自然无关的（这就与各类神秘主义者相反，神秘主义者更诚实也更蠢——他们总是谈论“神灵感应”）。而实际上这就是一种假设，一种直觉，确实是一种“神灵感应”——最常见的情形是被过滤和抽象化了的内心欲望——只不过这种“神灵感应”被他们合理辩解为追寻真相。他们全都是鼓吹者，却讨厌别人这样叫他们，同时在极大程度上他们更是狡猾的发言人，为被他们命名为“真理”的偏见而辩解——他们远没有这样的勇气对着自己的良心承认这点；远没有这样的风度和勇气让敌人或朋友知道这一切，或是充满自信地借以自嘲。

老康德以半是呆板半是有礼的伪君子作风诱使我们走上辩证法的小路，小路通向他的“绝对命令”——其实是诱骗我们误入歧途——这一场景让我们发笑，因为我们非常谨慎，于是发现近距离观察老道德家与卫道士们精心布置的鬼把戏着实是一件趣事。或者想想斯宾诺莎①的骗局，他给其哲学穿上了一套数学的盔甲和面具——公平地说，

---

① 斯宾诺莎（1632～1677年），荷兰唯物主义哲学家。

他的哲学其实是“爱他的智慧”——以此来在一开始就恐吓任何胆敢打算攻击那位无敌少女和帕拉斯·雅典娜[①]的人：一个疾病缠身的隐士使用这种伪装，暴露出他是多么的胆小和脆弱！

6

渐渐地我弄清楚了到目前为止所有伟大哲学都是怎么一回事：即，作者的个人信条以及一种不自觉的、无意识的自传；同样，每种哲学中的道德的（或不道德的）意图组成了生命的真实胚芽，然后又从这里发展出了整株植物。

确实，如果有人想要解释某一哲学家最难懂的形而上的观点是怎么来的，一个永远正确（而且聪明）的办法就是首先询问：这一观点的目的（作者的目的）在于哪种道德观？因而，我不相信哲学诞生于人们“求知的冲动”；反而是另一种冲动驱使人去思考（以及错误的思考），各处皆如此。然而无论是谁，只要他思考人的各种基本冲动，并考察它们作为鼓舞人心的神灵（或者说，魔鬼和地灵）究竟起多大的作用时，他就会发现这些冲动都或迟或早地进行过哲学思考——每种动力都迫切想要把自己展示成为存在的最终目的，以及获得公认的凌驾于其他所有动力之上的地位。因为每种动力都想压倒其他的动力——于是它就试图把自己哲学化。

可以肯定的是：在具有真正科学态度的学者当中，情况可能会有些不同——如果你愿意，也可以说是情况“好一些”——在他们当中

① 古希腊神话中的智慧、技艺及战争女神，同时也是雅典的守护神。

你也许可以真的找到像求知冲动一类的东西，具有小巧而独立的钟表装置，一旦上好发条，就会不知疲倦地运行，不需要学者身上其他任何动力的实际参与。因此，学者的真正“兴趣”通常是在别处——比如说，在家庭上，在赚钱上，或是在政治上。其实，他的这个小装置用在哪一方面都无关紧要，这个“前途远大”的年轻人成为一个优秀的语言学家也好，真菌专家也好，化学家也好，都是一样的：并不是他成为什么决定了他的特征。相反地，在哲学家身上则没有任何东西与其人格无关；而且尤其是他的道德观，明确而又有决定性地证明了他是谁——他本性最深处的各种冲动相互之间是如何排列顺序的。

7

哲学家能够恶毒到何种地步啊！我不知道还有什么比伊壁鸠鲁[①]取笑柏拉图和柏拉图主义者的那个玩笑更恶毒的了；他把他们称作狄奥尼西奥科拉克斯。其意思从字面上看就是——也就是它的表面含义——“狄奥尼西奥斯的奉承者”，用另外的话说，就是暴君的爪牙和谄媚者；但除此之外他还要表达另外的一层意思：“他们统统都是戏子，对于他们毫无真诚可言。”（因为狄奥尼西奥科拉克斯是戏子常用的一个名字。）[②]后一层含义体现了伊壁鸠鲁对柏拉图的极端怨恨：

① 伊壁鸠鲁：古希腊哲学家，于公元前306年在雅典创立了其颇具影响力的伊壁鸠鲁学派。

② 狄奥尼西奥斯是西西里岛上的一个暴君的名字，柏拉图曾作了好几年的努力，想要使其皈依自己的哲学。

柏拉图与其弟子们很善于高谈阔论，很会上台表演，这些使得他倍感恼火——由于伊壁鸠鲁并不擅长这些——他，这位来自萨摩斯岛[1]的老教师，便隐居了起来，坐在他在雅典的小花园里写了三百本书——谁知道呢？也许是出于愤怒以及想要盖过柏拉图的野心。

一百年过后，希腊才搞清楚这位花园之神伊壁鸠鲁究竟为何许人也——他们到底搞清楚了没有？

8

哲学家的信仰总是会在其哲学的某一处显露出来，任何哲学都是如此——或者用一句古老的谜语来说：

一驴翩翩到此，

美且勇敢之至。

9

你们想要生活“顺应自然”吗？哦，你们这些高贵的斯多葛派[2]人士，这些话真是不折不扣的谎言！想象一个人完全以自然的方式生活，极度浪费又极度冷漠，没有目的与思考，也没有同情心与正义感，成果丰富却无人问津，且漂泊不定；设想如果冷漠本身是一种力

① 萨摩斯岛：希腊东部爱琴海上一岛屿，位于土耳其西岸附近。

② 古希腊哲学流派，认为人不应为情感所动，应把各种事情当做神意或自然法则的不可避免的结果来坦然地接受。

量，你们又怎能依照这种冷漠的方式而生活？生活——岂不正是想要与自然不同吗？难道生活不就是发表自己的看法，拥有自己的喜好，处处存在着不公平与局限，不就是想要变得与其不同吗？假设，你们的命令“顺应自然而生活”实质上意味着“顺应生活而生活”——你们又怎样才能违背它呢？为什么一定要树立一个有关于你们自己怎样和必须怎样的原则呢？

其实，这完全是另外一个问题：当你们假装兴高采烈地宣读你们那些自然法则的条规时，你们想要的则与其完全相反，你们这些古怪的戏子和自欺者！在骄傲的驱使下，你们妄图把自己的道德观和理想强加给自然——强加给自然本身——并把它们混在自然之中；你们要求自然必须是“斯多葛的”自然，你们还想要万物都照着你们自己的样子来生存——以此作为对斯多葛主义的一种大范围、长时间的赞美与传播！因为你们爱真理，所以强迫自己以错误的方式（即斯多葛的方式）看待自然，历时太久、太坚持不懈、太执迷不悟，以致你们再也不能够用其他的方式来看待它。最后，某种莫名的傲慢会让你们产生一种荒唐的希望：因为你们知道怎样去绝对统治自己——斯多葛主义就是对自己的暴政——因而自然也同样会绝对服从你们的统治。斯多葛派不就是自然的一部分吗？……

但这是一个古老却又永无休止的故事：在今天，一旦有某种哲学开始信仰自己，从前斯多葛派身上发生的事儿就会重演。它只会按照自己的形象来创造世界，除此之外不会其他的。哲学就是这种暴政冲动本身，是最精神化的权力意志，“创造世界”的意志以及追求第一动力的意志。

10

目前，“真实而明显的世界”问题在整个欧洲都在受到批评，其批评之热烈与巧妙——甚至可以说是狡猾——发人深省，令人诧异；在这个环境下，要是有人除了听说过“真理意志”之外什么也没听到，就说明他确实没有一双好耳朵。在少数不常见的情况下，这样一种真理意志，这种过度且冒险的勇气，这种玄学家对不可得之地位的觊觎，也许会参与其中，于是最终宁愿要哪怕是一小撮的“确定性”，也不要一满车美丽的“可能性”；也许实际上有崇尚道德的清教狂热分子，他们宁愿躺在哪怕是实实在在的虚无之上，也不愿意躺在不太确定的东西上——直到死去。但这是虚无主义，标志着一个绝望的、疲惫不堪的灵魂——不管这种美德摆出看似多么勇敢的架势。

然而，有一些更为坚定、更有活力的思想家似乎与上述情况不同，他们依旧渴望生活。就在他们以一种新的傲慢反对表象，谈论“看法”的时候；就在他们觉得自己的身体与“地球静止”这一视觉证据几乎同样不可信的时候，他们于是就表面上心态轻松地放弃了自己最安全的占有物（因为对人们而言，目前还有什么东西能比自己的身体更值得相信呢?）——谁又知道他们事实上不是在试图重新找回一些东西呢？这些东西从前是他们更安全的占有物，属于过去的信仰这片古老的土地，或许是“不灭的灵魂”，或许是“年老的上帝”，简单地说，是让人们活得更好的某种思想，更确切一点，是与“现代思想”相比，这种思想能让人们活得更加有活力、更加快乐？这种观点不相信这些现代思想，对昨天与今天建立起来的一切东西都充满怀疑；在它中间可能混合了一点点腻烦和一点点轻蔑，再也不能够忍受各类各派杂七杂八的思想，也就是所谓的实证主义现在投放在市场上借以容身的那些思想；他们的口味更为挑剔，因而反感那些一心想着实际的伪哲学家那种村里摆地摊似的杂乱拼凑、修修补补，反感他们只会东拼西凑，没有一点点有创意和真实的东西。在这一点上，我觉得我们应该赞成当今这些满腹怀疑的反实在主义者与对知识作微观分析的人：他们的本能促使他们抵制现代的现实，这种本能不可否认是真实的——他们倒退至旁道又关我们什么事！他们主要意图不是想要"倒退"，而是想要——离开。只要多一点力量、飞行能力、勇气和艺术才能，他们就会起飞——永不复返！

11

我感觉到现在到处有人在试图把注意力从康德对德国哲学的真正影响中移开，尤其是小心翼翼地忽略他给予自己的价值。让康德首先感到自豪的是他的"范畴表"；他曾一手拿着"范畴表"说："这是有史以来为行而上学所能做得最困难的事情。"

那么让我们就来理解一下这个"所能"！他为自己发现了人的一项新才能而骄傲，即综合判断，而且是先验的。如果说他在这件事情上欺骗了自己的话，德国哲学的发展与迅速繁荣则依赖于他的骄傲，依赖于年轻一辈急于与他一较高低，一有可能就去发现更值得骄傲的东西——无论如何也要发现"新的才能"！

但让我们思考思考；到了该思考的时候了。"先验的综合判断怎样才能成为可能？"康德问自己——他的答案到底如何？"依靠一种才能”——然而很不幸，这答案并非仅仅只是五个单词，而是如此烦琐冗长，如此庄严神圣，并附带展示了德意志式的深奥与花哨，以至于人们竟没有察觉到这一答案中所包含的可笑的德国式愚昧。人们的确因为发现这种新才能而欣喜若狂，当康德更进一步地发现了人的道德能力的时候，欢呼声就达到了高潮——由于当时德国人还崇尚道德，还没有对“权力政治”上瘾。

德国哲学便进入了蜜月期。图宾根神学院的所有青年神学家都跑进了矮树丛里——都去寻找“才能”了。有什么他们没能找到呢——在那个天真纯洁、衣食无忧的年代，德国精神依然处于青年期，浪漫主义这一邪恶的精灵便开始吹笛放歌，而当时人们还不会区分“找到”与“创造”！首先，是一种“超越理智”的能力：谢林[①]正式给其命名为智力直觉，这样就满足了德国人虔诚而又最为真切的渴望。这一充满活力与热情的运动确实很年轻，无论它是多么大胆地用灰白苍老的概念掩饰自己。对这一运动而言，最不公正的做法莫过于用严肃的目光打量它，或者更甚之，对它怀以道德上的义愤。好了，闲话少讲，人们年岁渐长，梦幻已逝。新的时代到来时，人们正在搔脑袋，而且今天他们仍旧还在搔脑袋。人们一直在做梦，特别是——老康德。“依靠一种才能”——他曾经这样说过，或者至少这样认为过。但是，这算得上是一个答案或是一种解释么？或者更合适地说，这是否只是对该问题的重复？鸦片是怎样导致睡眠的？“依靠一种能力”，

① 谢林（1775～1854年），德国理想主义哲学家，其关于自我、自然和艺术的理论对浪漫主义产生了影响，在一定程度上预示了存在主义。

也就是催眠作用，莫里哀[①]笔下的医生这样回答：

> 因为它有一种催眠作用，
> 其特性就是催人入睡。

但这样的回答只能出现于喜剧中，现在正是合适的时候把康德式的问题“先验的综合判断怎样才能成为可能？”换成另外一个问题：“为什么必须相信这种先验的综合判断？”——同时我们也要理解，像人类这种生物为了维持生存，就必须相信这样的判断是正确的；虽然如此，它们当然也有可能是错误的判断！或者更加明白、更加不客气地说，根本就不“可能”有先验的综合判断；我们无权去做这样的判断；我们口中所说的先验综合判断根本就是虚假的判断。当然，仅仅相信其真实性是有必要的，可以把它当做透视人生所需要的表面信仰和视觉证据。

最后，回想一下“德国哲学”——希望你们能理解这里为什么加上引号——对整个欧洲产生的巨大影响，无可置疑，这里面有包含着某种催眠作用：多亏有了德国哲学，各国那些高贵的闲人懒汉、正人君子、神秘主义者、艺术家和四分之三的基督徒，还有那些愚弄百姓的政客，都高高兴兴地找到了一副解毒药，用来对付从上个世纪一直泛滥到本世纪，并且至今仍流行的感觉论，一言以蔽之——“催人入睡”……

---

① 莫里哀（1622～1673年），法国喜剧作家，代表作有《伪君子》和《悭吝人》，这句引文出自于他的剧作《没病找病》。

12

至于唯物主义原子论①，则是被驳斥得最彻底的理论之一，也许今日欧洲学术界中再也没有人会无知到认为它还值得去认真看待，除非是图方便日常使用一下它（为了省略表达手段）——这主要还得感谢达尔马提亚人博斯科维奇②：到现在为止，他与波兰人哥白尼是在反对视觉证据方面最伟大、做得最成功的人。因为哥白尼使我们相信，正与我们的感觉相反，地球并非是静止不动的。就是在这同时，博斯科维奇教导我们放弃对这“静止不动的”地球的最后一部分信仰——对“物质”、对“实体”、对土地残留物以及对粒子－原子的信仰：这是地球上到目前为止反对感觉所获得的最伟大胜利。

然而，人应当走得更远一些，并且向“原子论的需求”宣战，与它进行无情的战斗，至死方休。在无人对其提出质疑的地方，这种“需求”仍然阴魂不散，作乱人间，就像那更为有名的“形而上学的需求”：首先，人们必须给另外一种更有害的原子论以致命一击，即基督教教唆时间最长、灌输最深的灵魂原子论。希望这个词可以用来代表那种认为灵魂是不灭的、永恒的、不可分割的，就像单子或者原子一样的信仰：这种信仰应当被排斥在科学之外！同时，在我们中间却完全没有必要丢弃这种“灵魂”，也没有必要因此而丢掉一个最古

---

① 古哲学家德谟克利特、伊壁鸠鲁、卢克莱修等所持的唯物主义理论，认为简单微小的、不可分割、不可消灭的微粒是整个宇宙的基本组成部分。

② 罗格尔·约瑟夫·博斯科维奇（1711～1778年），南斯拉夫数学家和自然科学家。

老、最神圣的假设——就像呆头呆脑的自然主义者，他们经常丢掉这个假设，几乎是刚一接触就立刻失去了它。但由灵魂假说所产生的新视野和新的发展有着宽广的道路可以走；比如说像“必有一死的灵魂”、“主观多样性的灵魂”以及“作为动机与感情的社会结构的灵魂”，它们今后都想要在科学中拥有其合法权利。当新的心理学家为那些迄今围绕灵魂观念如热带茂林般繁荣生长的迷信思想画上句号之后，他实际上就把自己放逐到了一片新的荒漠、新的怀疑之中——也许旧时的心理学家日子过得更愉快、更舒适一些；虽然如此，新的心理学家最终会因此而感到自己也只能去发明——谁又知道呢？——也许是发现。

13

在生理学家声称保存自我的本能是有机生物的首要本能之前，他们应该再仔细考虑一下。一种生物首先想要做的是释放自己的力量——生命本身即权力意志；保存自我只不过是间接而又最常见的结果之一。

简而言之，这里和别的地方一样，让我们警惕**多余**的目的论原理——保存自我的本能就是其中之一（我们把它归因于斯宾诺莎的自相矛盾）。因而是思考方法决定了思考结果，而方法本质上是为了节省原理。

14

也许只有五六个人正在慢慢理解物理学也只不过是一种对世界的大概说明和简要分析（但愿我这么说能让大家满意！）而不是对世界

的解释；然而只要它是建立在相信感觉的基础之上，它就会被高估，而且是在未来很长一段时间内都会被高估——也就是说，被看成是一种解释。眼睛和手指都是为它服务的，视觉证据与触知性也是一样；这对于一个以平民趣味为主导的时代来说无疑很迷人、很有说服力，让人深信不疑。毕竟，它本能地遵循了感觉论的真理准则，而感觉论在任何时期都受大众的欢迎。什么叫做清晰，什么叫做“被解释”？只有那些被亲眼见到、亲身感知的东西——每个问题都只能被探究到这一点上。与此相反，柏拉图式的思维方式作为一种高贵的思维方式，其魅力正是在于它拒绝承认显而易见的感官证据——也许懂得这种思维方式的人拥有比我们当代人更有力、更难以满足的感官，同时又懂得如何始终保持对感官的控制权——用苍白、冷酷、灰色的概念网来罩住由杂七杂八的感觉组成的一团混乱——感觉的暴民，正如柏拉图所说。在这种柏拉图式的征服世界和阐释世界中，存在着一种享受，与今天的物理学家给我们提供的享受不同——也不同于生理学上的达尔文主义者和反目的论者，他们的原则是以“尽可能小的力量”去干尽可能大的傻事。“在人们什么也看不见、什么也理解不了的地方，他们就没有更多的事可以做了”——这条规则无疑与柏拉图的规则不同，但对于未来的机械工人和筑桥工人这类勤劳而又能吃苦的人来说，这条规则也许是正确的，因为他们除了粗活重活之外无事可干。

15

一个人要想研究生理学又不违背良心，就必须坚持认为感觉器官并不属于唯心主义哲学所说的现象；它们同样也不是原因！因此，如果感觉论不是一种探索原则，它至少也是一种为了建立规则而作的假设。

什么？有人甚至说是我们的器官创造了外部世界？但那样的话，我们的身体，作为外部世界的一部分，也将会是我们器官的产物了！如果那样，我们的器官本身也会是——我们器官的产物！照我的看法，假使自因的概念从根本上是荒谬的，那么这完完全全就是一种归谬法。因而，外部世界并非是我们器官的产物？

16

仍然有一些没有危害的自我观察者相信有“直接确定性”存在；比如说“我思[①]”，或像叔本华的迷信观念所表达的，“我有意志”；仿佛在这里人的认识完完全全、无可争议地紧紧抓住了像“自在之物”一类的客体，并且既没有歪曲主体，也没有歪曲客体。但是，我还要重申一百次，这种“直接确定性”，与“绝对知识”以及“自在之物”一样，都包含了一种名词与形容词的矛盾；我们的确应该把自己从词语的误导中解放出来！

人们可以认为知识的意思是完完整整地认识事物；但哲学家必须对自己说：当我分析“我思”这句话的表达过程之时，我找到了一整系列大胆的断言，想要去证明这些断言很难，也许根本就不可能；举几个例子，是我在思，肯定有某个东西在思，思是一个被看做原因的生物所做出的活动与行为，一个“我”存在于此，最后，就已经确定

① 这里指的是笛卡尔的一句名言：“我思故我在。”

了思指的是什么——我才认识到了什么是思。因为假如我还没有在心里确定这是什么，我又靠什么标准来判断刚刚发生的行为也许不是“意愿”或“感觉”呢？简言之，“我思”这一断言假设了我把自己当前所处的状态与我所知道的自己其他状态相比较，为了确定这是什么；由于与更多的“知识”发生回顾性的联系，所以这一断言对我而言没有任何直接确定性。

受“直接确定性”影响的人们也许会信奉身边的例子，哲学家则丢开了这种影响，因而他们发现自己正面临着一系列形而上的问题，一些由知识分子提出的真正为了寻求真理、考验智慧的问题：“我是从哪里获得思的概念？为什么我相信原因和结果？什么东西给了我权利去谈论‘我’，甚至把‘我’说成原因，最后又把‘我’说成是思想之原因?”无论是谁，只要他冒险在第一时间借助某种直觉来回答这些形而上的问题，“我思，我知道这至少是真实的。”

“确实存在的、确凿无疑的。”——他都会从今天的哲学家那里得到一笑和两个问号。“先生，”这位哲学家也许会让他明白，“可能你说得没有错；但为什么你要说它是真实的呢?”

17

考虑到逻辑学家的迷信，我将不厌其烦地强调一个小而简明的事实，这些装满迷信的头脑都拒不承认这个事实——一个“思想”到来，是由于“它”想要这样，而不是“我”想要如此，因此如果说主语“我”是谓语“思”的先决条件，那就是在歪曲事实。它在思；但如果要说这个“它”正是那古老的“我”，说委婉点儿，那只是一种假定，一种断言，的确不是“直接确定性”。毕竟，人们已经在“它思”这个问题上想得太多——甚至这个“它”包括了对于其过程的说明，而并不属于其过程本身。人们在这里依据语法习惯作出推断：“思是一种活动，而每种活动都需要一个施为者”

正是依照同样的思考模式，旧原子论除了寻找起作用的“力”之外，还要寻找蓄藏这种力以及释放这种力的小块状物质——原子。然而，一些思维更为严密的头脑最后懂得了怎样在没有“土地残留物”的情况下生活，说不定有一天我们，包括逻辑学家在内，都会逐渐习惯在没有那个小小的“它”（这便是正直且微不足道的旧‘自’我留下的所有东西）的情况下生活。

18

的确，一种理论魅力最小的地方并不在于它可以被驳倒：正因为它是可以驳倒的，许多思维比常人敏锐的人才会对它产生兴趣。“自由意志”这一被人反驳过上百次的理论之所以经久不衰，其原因可能也在于它具有这种魅力；一次次地有人路过，自以为足够有力可以将它驳倒。

19

哲学家们已经习惯于谈论意志，仿佛意志是世界上最广为人知的东西；确实，叔本华告诉了我们，意志是我们唯一真正了解的东西，而且是完全彻底的、不偏不倚的了解。但我们同样再三地感觉到，在这一事件里，叔本华只是做了哲学家习惯于做的事情——他采用了一种流行的偏见，并把它夸大了。就我来看，运用意志的难度比世上所有的困难都要大，只有用一个名词表达它时，它才被统一在这一名词里——而流行的偏见正是隐藏在这个名词中，并且已经征服了哲学家原本就不太充分的警惕心理。因而让我们这次就格外谨慎些，变得“非哲学”一点：我们说当我们运用意志的时候，首先，存在着不止一种感觉，即，“离开”某种状态的感觉、“趋近”某种状态的感觉、“离开”和“趋近”的感觉本身以及伴随而来的一阵肌肉感觉。甚至在我们还没有进行“手和脚”的动作之前，只要我们一开始“想要”做事，这种肌肉感觉就在习惯力量的驱使下开始活动了。

因此，就像感觉（确实有许多种感觉）被看作是意志的组成成分一样，其次，思维也应当被如此看待：在每个意志行为里面都有一种占统治地位的思想——我们别想有可能把这种思想从“意志行为”里剥离开来，仿佛意志可以单独存在一样！

第三，意志并非仅仅是由感觉与思维结合而成的，而首先是一种情感，特别是发号施令的情感。“意志自由”的含义，本质上就是一种优越情感，相对于那些必须服从的人：“我是自由的，而‘他’则必须服从”——这是一切意志与生俱来的意识；意志的固有特点还包括：注意力紧张，目光直直地盯着一个目标而不见其他，毫无来由地断定“如今有且仅有这个是必须做的”，内心确信对方会服从——以及其他任何属于命令者地位的东西。一个行使意志的人就是对他心里的某样东西发号施令，而这个东西便服从他的命令，或者他相信其会服从他的命令。

但现在让我们来注意有关于意志的最奇怪的事情——对于这个包含有许多方面的东西，人们只用了一个词来指示它：因为在特定的环境中，我们既是命令的一方，同时又是服从的一方，作为服从的一方，我们经历了受拘束、有冲动、有压力、抵制和行动的感觉，这些感觉通常在意志行为发生之后就紧接着发生了；在另一方面，因为我们已习惯于对这种一分为二的特点视而不见，在这点上用综合性的概念“我”来欺骗自己，所以一整系列的错误结论以及由此产生的关于意志本身的虚假判断便附带在了意志行为上——那些行使意志的人甚至真的认为，意志足以导致行动。由于在大部分情况下，只有当命令的结果——即，服从；也就是行动——被人所期望时，意志才算是被执行，这一现象自我转化成了一种感情，仿佛结果是必不可少的。总之，行使意志的人有相当大的把握相信意志与行动在某种程度上乃是一体；他们把成功（即，意志被执行）归因于意志自身，因此伴随着所有成功，他们会越来越享受有权力的感觉。

“意志自由”——这一短语是为了表达行使意志的人内心充满喜悦的那种复杂状态，这种人发号施令，同时又把自己看作其命令的执行者——就这样，他享受克服障碍所取得的胜利，然而在其内心又认定是其意志本身征服了这些障碍。这样一来，行使意志的人在他原有的发号施令的喜悦情感之基础上，又加上了由效果极佳的执行工具（即，有用的“意志之下”或灵魂之下——确实，我们的身体只不过是由众多灵魂组成的社会结构）所带来的喜悦情感。吾即结果。这句话所讲的事儿也发生在每一个管理得当、歌舞升平的国度；即，统治阶级视自己与国家的兴旺发达为一体。在行使各种意志时，这句话就变成了一个完完全全的命令与服从的问题，这个问题的基础即上面所说的由众多“灵魂”组成的社会结构。因而哲学家应当要求有权把行使意志这类行为归入道德范畴——此道德应该被理解为至高无上关系的原则，在其之下，“生命”这一现象得以存在。

20

个体的哲学观念并非是任意形成或者独立发展的东西，而是在彼此之间的联系与关系中成长起来的；无论它们看似在思想史上出现得多么突然，多么偶然，它们都正像某块大陆的动物群里所有成员一样，同属于一个系统——并且，以下事实最终暴露了这一点：形形色色的哲学家总是在填写关于各种可能出现的哲学的一张明确的基本图表。在一道看不见的咒语控制之下，他们总是反复在同一条轨道内打转；不管他们觉得彼此之间是多么独立地拥有各自不同的批评意志或系统意志，总有某些东西在他们内心之中指引着他们，一些按照确定的顺序相继推动他们的东西——固有的系统结构以及他们的观念之间的关系。他们的思想与其说是他们发现了什么，倒不如说是他们重新认识了什么，是一种回忆，返回到灵魂那遥远、富足的最初家园，那些观念原本都是发源于此：在这个意义上，哲学探讨是一种最高级的返祖现象。

为什么所有印度、希腊与德国的哲学思维都令人奇怪地相似，仿佛出自同一家族？这个问题很容易得到圆满答案。只要哪里存在着语言之间的亲密关系，由于共同的语法规则——我的意思是，由于被相似的语法功能无意识地控制和引导——的影响，哪里也就必然从一开始就为其哲学体系的相似发展道路与发展顺序做好了一切准备；就好像其他对世界的阐释在这条路上都行不通一样。极有可能乌拉尔－阿尔泰语群地区（这里主语概念最不发达）的哲学家会以别样的方式“观察世界”，我们会发现他们所走的思维道路与印度－日耳曼地区的人们以及穆斯林都不相同：某种语法功能的符咒从根本上说也是生理上的价值评估和种族性格的符咒。

就说这么多了，借此来反驳洛克[①]关于思想起源的肤浅看法。

21

自因是到目前为止被构思出来的自我矛盾的最佳样本，是对逻辑的一种违反和歪曲；但人类却过于自大，试图把自己和这种荒谬东西以可怕的方式深深纠缠在一起。渴望得到最高形而上意义上的“意志自由”，这种自由依然很不幸地统治着那些受教育不深的头脑；渴望以一己之力对自身行为承受全部、最终的责任，以及渴望免除上帝、尘世、祖先、机遇和社会所给予的责任，这一切渴望都恰恰是想要成为这种自因，而且用比闵希豪森[②]更大的勇气，抓住自己的头发把自己从虚无的沼泽地里拉回到存在中来。假设有人因此而看清了“自由意志”这一著名概念是多么粗鄙愚蠢，并且将它完完全全赶出其头脑的话，我恳求他把他的“启蒙运动”再深入一步，把“自由意志”这一畸形观念的对立物也同样从头脑中清除：我指的是“不自由的意

① 约翰·洛克（1632～1704年），英国著名经验主义哲学家。他认为人的认识来源于经验，而尼采在此极有创见地指出，人们的思维其实是由他们所使用的语言所影响和约束的。

② 闵希豪森（1720～1797年），德国乡绅，善于讲述夸大得难以置信的冒险故事和传说。

志”，它就相当于误用原因和结果。人不应该错误地把“原因”和“结果”具体化，就像自然科学家所做的那样（无论是谁，只要像他们那样正在“归化”于其思想），依照流行的死板的蠢办法，把原因朝后挤和推，直到它使后面产生“结果”；而应该仅仅把“原因”和“结果”当成纯粹的概念来使用，这就是说，当成符合惯例的虚构，其目的在于指示事物名称和表明彼此关系——而不是为了解释事物。在“自在”之中没有任何有关“因果联系”、“必然性”或者“心理上的不自由”的东西；在这里，结果并没有跟随着原因，这里没有“规律”统治。仅仅是我们自己设计出了原因、顺序、彼此、相对、约束、数字、规律、自由、动机和目的；当我们把这一符号世界混合在事物中，仿佛它“自在”地存在之时，我们再一次重复了我们一直的做法——以神话的方式做事。“不自由的意志”是神话；在现实生活中这只是一个意志的强与弱的问题。

如果一个思想者在每次遇到“因果联系”和“心理上的必然性”的时候，都会感到些许受拘束、窘迫、自卑、有压力和不自由，这就几乎总是预示着他内心缺少了什么；这就值得怀疑他是不是有这样的情绪——此人暴露了自己。一般而言，如果我的观察正确的话，“意志不自由”被看做是从两种完全对立的立场引发出的问题，但却始终属于个人内心的范畴：有些人无论怎样也不愿放弃他们的“责任”、他们对自己的信仰以及他们对其才能所享有的权利（那些虚荣的人可归于这一类）。与此相反，另一些人不愿意对任何事情负责，或不愿意因为任何事情受指责，并且，由于其内心的自卑心理，他们努力把对自己的批评转移到别处。如今，后者著书之时习惯于和罪犯站在一边；他们最具吸引力的伪装是一种社会主义的同情心。而实际上，在以“人类苦难的宗教”的姿态出现时，意志薄弱者所持有的宿命论令人吃惊地美化了自己，这就是它的“高品位”。

22

原谅我像个老语言学家一样总忍不住自己的坏念头，要指出各种错误的阐释方法：但“自然与规律相符”，你们这些物理学家那么骄傲地说过这话，仿佛有这事吧——只不过是由于你们的阐释和糟糕的“语言”，这句话才得以成立。这不是一种事实，不是“原文”，而更确切地说是以幼稚可笑的人道主义方式对意义进行的修改和歪曲，借此来向现代人的民主本能作出许许多多的让步！“无论在何处，规律面前万物皆平等；自然在这一方面也不例外，与我们一样”——这是关于隐秘动机的一个好例子，这里面再次隐藏了一种针对特权、专制以及另外一种美化过的无神论的平民式的对抗情绪。“既无上帝，亦无主人”——这同样是你们想要的；因此“自然规律万岁！”——不是这样的吗？然而就如上面所说，那只是阐释，而不是原文；也许会出现这样一个人，他会带着相反的意图和阐释方式，从同样的“自然”、同一个现象中看到了人们残暴地满足权力的要求，作出冷酷无情的行为——这个阐释者会把所有“权力意志”中无例外、无条件的方面描绘得如此惟妙惟肖，以至于几乎每个词，甚至是“专制”这个词本身，都最终看起来不合适，或看起来象个弱化了的、不充分的隐喻——显得太人性化了——但尽管如此，他也许最终会给这个世界下一个和你们一模一样的结论，那就是，这个世界有个“必然”且“可计算的”过程，不是由于这个世界上流行规律，而是因为完全没有规律，并且每一种权力每时每刻都想要导出它的最终推理结果。如果这也仅仅是阐释——你们是不是急着要提出反对意见？——那好，这样就更好了。

23

到目前为止，所有心理学都在道德偏见和恐惧上卡了壳，因而一直不敢往深处探寻。既然可以从目前存留的文字资料中辨认出一直以来不为人知的东西，那么我就把心理学看作形态学以及权力意志的一种发展原理——过去从来没有人真正这样做过，甚至是在头脑中。道德偏见的力量已经深深渗透到了最精神化的世界中，而它看起来仿佛是最冷静、最不存在假想的世界；不仅如此，这种偏见还一直以一种有害、束缚思想、阻碍视线以及扭曲事实的方式在对其施加影响。名副其实的生理—心理学还不得不对抗研究者内心深处无意识的反对情绪，它有“心”抵制它：甚至，关于“善”与“恶”的冲动相互依存的学说，也会在一颗依旧强健炽热的道德心之中激起紧张、厌恶的情绪（被当作乔装打扮过了的不道德）——更不用说是那种认为善的冲动来自于恶的学说了。然而，倘若一个人将仇恨、嫉妒、贪婪以及控制欲的情感视为人生的条件，视为普通生活体系中必不可少的基本因素（并且，如果生活进一步提高，这些因素也会相应地得到提高）——他就会由于他的这种观点而感到如同晕船一般的痛苦。但在这个广大而又几乎全新的危险认识领域内，这一假设远不是最奇怪、最痛苦的假设；其实，我们有一百个充分的理由来说明为什么人人都应该避开它，但谁——又能真正避开呢？

另一方面，如果有人曾经划着小船漂流到了那儿，哦！太好了！让我们咬紧牙关！让我们睁开双眼，用手牢牢地抓好舵！我们正好从道德之上越过，我们乘风破浪，也许会摧毁我们自己身上道德的残骸，因为我们敢于向那里行驶——但这有什么要紧！从来没有比这更深邃的洞察力世界向勇敢的旅行者和冒险家们展示过自己，并且那因此而“作出牺牲”的心理学家——这里不是指理解力上的牺牲，而是与之相反！——将起码能够得到回报，从而要求心理学再一次被认为是各类科学的女王，正是由于它为其他科学服务并为它们做好准备，它们才得以存在。因为现在心理学再一次成为了通向各类基本问题的途径。

第二章　自由精神

24

哦，神圣的愚昧！人是生活在多么奇怪的简化事实和弄虚作假之中啊！人一旦注意到了这个奇迹，便止不住他的好奇心！我们是怎样把周围的一切都变得清楚、自由、容易和简单的！我们是怎么让自己的感觉容忍所有肤浅东西的，怎么让我们的思想虔诚地渴求荒唐冲动和错误推断的！我们怎么能够从一开始就策划着要保留我们的无知，为了享受一种几乎不可思议的自由，没有顾虑与戒心，没有热情，也没有生命的乐趣——这些都是为了享受生活！只有如今，在“无知”这一致密、坚固的底座上，知识才能够升起——追寻知识的意志建立在一种远比其有力的意志基础上：这种意志便是追求无知，追求不确定性，追求谎言！后者并非是作为其对立物，而是——作为对它的提炼！

尽管语言在任何地方都不能克服自身的窘境，总是在谈论对立物，而周围则只存在程度差别和许多微妙的等级之分；尽管道德那根深蒂固的虚伪作风（这种作风如今已浸入到了我们不可征服的“血肉”之中）甚至已影响到了我们中间那些更有见识的人的言谈——我们到处都能理解这点，并对科学极尽所能为了把我们留在这个简化了的、完全人造的、构造得合理、伪造得逼真的世界上所采取的方式感到好笑——同样可笑的是它不顾一切热爱谬误的方式，因为科学本身还没死，所以它热爱生活！

25

在这样一番令人愉快的开场白之后，人们也许希望听到严肃的字眼；尤其是最严肃的那群人，他们最喜欢这个。哲学家们，朋友们，好生照顾好知识，并且当心不要因此殉难！当心“为了真理之故”而受苦！甚至要当心保护你们自己！它会毁了你良心中所有的天真无邪和姿态优雅的中间立场；当你与危险、谣言、猜疑、驱逐以及由敌对心理所产生的更为糟糕的后果作斗争时，它会使你变得茫然失措、兽性大发、冷酷无情，从而身不由己地把自己装扮成世上一切真理的保护神——仿佛“真理”是这样一个无害且无能的人，以致需要别人来保护她！需要你们所有的人，你们这些一脸苦相的骑士①、尊敬的懒汉和给精神结网的蜘蛛！毕竟，你们很清楚地知道，如果你们大家被证明是对的，那也不会有什么了不得的后果；你们知道到目前为止还没有哪位哲学家已被证明是对的，并且知道你们在自己特意说出的言语和青睐的学说后面（有时是在你们自己的后面）所附加的每一个小问号，其真实性都要比在控诉你们的原告和法庭面前摆出的庄严姿态和有力证据更容易博得赞美！你们还不如走远些！找个地方躲起来！

---

① 此处指的是堂吉诃德那样的角色。

戴上你们的面具和伪装，这样人们还有可能看不出你们的真面目！或者对你们还有点畏惧！不要忘了那花园，有金格子棚架的那个花园。你们把人们聚集在周围，仿佛是一个花园——又仿佛是在白昼成为记忆之时，黄昏时分的水上音乐。选择有益的孤独吧，选择那自由的、充满乐趣的、轻轻松松的孤独，它在某种意义上也会给予你权利去保持你善的一面！每一次的长期战争使人变得多么恶毒、多么狡猾、多么有坏心眼，这些都是不能以力量增长来公开弥补的！长时间的恐惧让人变得多么具有攻击性，长时间注视着敌人，而且是假想中的敌人！这些被社会所遗弃的人，这些被受到长期追捕、残酷迫害的人——包括那些被迫隐居的人，那些像斯宾诺莎或乔达诺・布鲁诺①一样的人——最终都披上了甚至是最精神化的伪装（也许他们自己并未意识到这点），从而变成了狡猾的复仇者和制造毒药的人（只要让人挖开斯宾诺莎道德与神学的底座即可弄明白！），更不用说愚蠢的道德义愤了，这种义愤是一个明确无误的标志，标志着一个哲学家已经丧失了他的哲学幽默感。哲学家的殉难，他"为了真理而作出的牺牲"，暴露了他内心之中与煽动者和演员相类似的一些东西；如果到现在为止有人尝试过仅仅用艺术家的好奇心来思考哲学家，就很容易理解为什么许多哲学家都怀有一种危险的愿望想要看到自己也在退化（退化成一个"殉道者"，一个在舞台上和讲坛上号哭的人）。只是，在怀有这种愿望的同时，他们有必要弄清楚人们到底会看到什么场

① 乔达诺・布鲁诺（1548～1600年），意大利哲学家，他用哥白尼学说阐释他关于宇宙无限的宇宙理论，因而被宗教裁判所判为异端、邪恶和亵渎神灵，最后被火刑处死。

景——他们只看到了一出萨梯[①]剧，只看到了一出作为收场白的滑稽剧，只看到了连续不断的证据，说明一个冗长而真实的悲剧已经落幕，假如每种哲学在其开端都是一出冗长的悲剧的话。

26

每一个优秀的人都在本能地努力寻找一个避难所和隐居地，在那里他可以远离人群、远离大众、远离绝大多数人——在那里他可以忘掉“作为规则的人们”，而成为他们之中的例外——仅仅除了在一种情形里，他被一种更加强大的本能所驱使，这种本能把他直接推向这些人，并使他摆出一副伟大、杰出的知识探索者的形象。无论是谁，只要他在与人们交往中没有偶尔用各种忧伤的脸色引人注目，没有偶尔由于厌恶、腻烦、怜悯、忧郁和寂寞而痛苦得脸色时青时白，他肯定不是一个趣味高尚的人；然而，假若他并不愿意肩负起所有这些重担，并且对自己没有丝毫反感，假如他坚持避开这种事情，正如我说的那样，依旧安静而高傲地藏在他的避难所里，可以肯定地说：他并非是为了知识而生的，注定不是有学问的料。如果他真是这样，他就总会有一天对自己说：“魔鬼带走了我的高尚趣味！但是规则比例外更有趣——比我自己，我这个例外！”于是他就会从山上走下[②]，但首先，他要进入“内心世界”。

长时间地认真研究普通人，然后又因此而披上大量伪装，尽力克

① 希腊和罗马神话中被描绘成具有人形却有山羊尖耳、腿和短角的森林之神，性喜无节制地寻欢作乐。

② 此处与《查拉图斯特拉如是说》的序言部分相呼应。

制自己，与人亲近，并进行坏的交往（除了和与自己相当的人交往以外，所有的交往都是坏的交往）——这构成了每个哲学家人生历程中的一个必然组成部分，也许是最不招人喜欢、最让人作呕、最令人失望的部分。不过，如果他运气好，就像一个知识的宠儿原本应当地那样，他在工作中将会遇到许多合适的捷径与帮助；我指的是那些所谓的犬儒主义[①]者，他们只承认兽性、平庸之物和他们自己内心的“规则”，同时他们又有某种灵性，某种冲动，喜欢当众谈论他们自己以及像他们一样的人——有时他们甚至沉湎于书本，就好像在他们自己拉的屎上面打滚。

唯有在犬儒主义这一形式里面，卑贱的人才得以接近诚实；更高等的人应该仔细聆听每一种粗俗或是精巧的犬儒言论，并且，如果一个无耻的小丑或一个科学上的萨梯恰好在他面前开口说话，他就该感到庆幸。

甚至在有些情况下，迷恋与厌恶会互相混合——也就是说，有的时候由于造化作怪，天才的头脑竟然长在了某些如此行为不端的公山羊和猴子身上，就如同加利亚尼[②]神父的情况一样，他是他那个世纪思想最深奥、判断力最敏锐、同时可能也是思想最肮脏的人——他比伏尔泰[③]深奥得多，因而也就比他沉默寡言得多。正如上面暗示的那样，更常见的情况是，一个科学家的头脑被安在了猴子身上，一个卑贱的人却拥有精巧、高于常人的理解力，这种事情绝非罕见，而且在

---

① 古希腊的一种哲学流派，强调自我控制和推崇善行。

② 加利亚尼（1728～1787年），意大利作家。

③ 伏尔泰：法国哲学家和作家，其作品是启蒙时代的代表，常常攻击不公正和不宽容。

医生和道德生理学家中间尤其多见。无论什么时候，只要有人毫无恶意、非常天真地把人说成是有两种需要的肚子和有一种需要的脑袋；无论何时，只要有人把饥饿、性欲和虚荣视为人类行为的真正且唯一的动机，只要有人试图这样，并想要这样；总之，只要有人说人类不好——甚至还谈不上“诋毁”——的时候，热爱知识的人就应该敏锐而认真地倾听；每当人们的言论不带有怒气之时，他就应当完全敞开自己的耳朵。因为愤愤不平的人以及不停地用自己的牙齿撕咬自己的人（或者作为其自身的替代品，他们撕咬世界，或撕咬上帝，或撕咬社会），从道德上说，可能确实比一脸笑容、自鸣得意的萨梯站得更高，但从其他各种意义上来看，他们的情况则更加平庸、更加没有价值、更加没有指导意义。在撒谎方面，谁也比不过愤愤不平者。

27

想要被别人理解是很难的，尤其是当一个人如同恒河的急流般思考与生活，而他周围的人却用另外的方式思考与生活的时候——也就是说，如同乌龟一般地生活，或者最多只是“以青蛙的步态思考与生活”（我显然正在竭尽努力把自己弄得“难于理解”！）——他就应该由衷地感谢别人好心好意挖空心思对其作出的阐释。然而，至于那些“好朋友们”，他们总是太懒惰，总是觉得作为朋友他们有权利悠闲自在，人从一开始就应该给他们些放松的余地和一些嬉戏打闹的场所，允许他们去误解：然后自己甚至就可以笑了——或者完全丢开他们，丢开他们这些好朋友——并且依然在笑！

28

在把一种语言翻译成另一种语言时，最棘手的事情是语言风格的节奏，这种节奏是建立在民族性格的基础上的，或者从更侧重于生理学的方面来说，是建立在这一民族“新陈代谢”的一般性节奏的基础之上。许多原本想要忠实原著的译文，结果却不由自主地被通俗化了，几乎变成了对原文的歪曲，这仅仅是因为原文那雄浑而欢乐的节奏（由于这种节奏，它跳过、避免了内容和用词上的一切危险）是无法被翻译的。德国人几乎不能用快速的节奏说话；因而，也许能够合理地推断出，德国人也几乎感受不到那无拘无束、自由奔放的思想中的许多最为愉快、最为大胆的微妙之处。就像他们无论在生理上还是心理上都与小丑和萨梯相去甚远一样，阿里斯托芬①和佩特罗尼乌斯②的作品对他们而言也是无法翻译的。一切沉闷呆板、死气沉沉和严肃得发傻的东西，所有啰唆冗长、味同嚼蜡的风格类型都在德国人中间得到了长足的发展，变得丰富多彩——恕我直言，甚至歌德③那些呆板与优雅并存的散文也不例外，反映了它们所处的那段“过去的好时光”，同时也反映了德国趣味，在那个年代还依旧存在着“德国趣味”——一种在道德和艺术上的洛可可情调。

莱辛④是个例外，由于他演戏的天分，这种天分能理解很多事情，

① 古希腊剧作家，被誉为“喜剧之父”。

② 古罗马作家。

③ 约翰·沃尔夫贡·冯·歌德（1749～1832年），德国作家，精通诗歌、歌剧和小说。他花了50年时间写了戏剧长诗《浮士德》。

④ 莱辛（1729～1781年），德国诗人、批评家及戏剧家。

并且知道怎样去做。他很出色地翻译了培尔[1]的作品，并愿意跑到狄德罗[2]和伏尔泰身边待着，甚至更喜欢待在罗马喜剧作家们身边。在节奏方面也一样，莱辛喜欢自由思想，这与德国气质大相径庭。但德语，哪怕是莱辛散文中的德语，又怎能模仿得出马基雅维利[3]的节奏呢？后者在他的《君主论》中让我们呼吸到了佛罗伦萨那干燥而纯净的空气，而且情不自禁地用一种喧哗且活泼轻快的风格来展现最为严肃的事件，或许，他冒险而营造出的明暗对比中并非不含有一种恶意的艺术观念——用飞驰的节奏，用最精彩、最怪异的幽默感来表现冗长、晦涩、艰深而又危险的思想。

最后，谁又敢用德语来翻译佩特罗尼乌斯的作品呢？他在创意、构思和用词方面对于快节奏的掌握已超过了至今所有的伟大音乐家。一个人如果能像他那样拥有风一般的双脚，像风一样狂奔，像风一样呼吸，像风一样任意地蔑视，促使万物奔跑，从而使万物皆健康，那么那病态的、邪恶的世界，甚至那“古老的世界”里的那些沼泽地最终又有什么要紧！至于阿里斯托芬——这一善于改变他人、能弥补他人需要的天才，为了他的缘故，人们原谅了希腊所存在过的一切，如果人们深刻理解了所有需要原谅和改变的东西的话——关于柏拉图的秘密和他谜一般的性格，我思考得最多的就是那件不为人知的小事：在他临终时所躺的那张床上，人们发现他枕头底下放的不是“圣经”，不是埃及的书，也不是毕达哥拉斯的书或他自己的书——而是一本阿

① 培尔（1647～1706年），法国哲学家。

② 狄德罗（1713～1784年），法国启蒙思想家，百科全书派的代表人物。

③ 马基雅维利（1469～1527年），意大利政治理论家，他的著作《君主论》阐述了一个意志坚定的统治者不顾道德观念的约束如何获得并保持其权力。

里斯托芬的书。假如没有阿里斯托芬，柏拉图又怎么能够忍受生活——那种他所拒绝的希腊式生活！

29

只有极少数人能够保持独立；独立是强者的特权。无论是谁，只要他试图保持独立，哪怕他只是有权这样做但却并非被迫如此，这都表明他也许不仅是个强者，而且还敢于一往无前，不计后果。他走入了一个迷宫，他使得那些在生活中原本就有的危险增加了上千倍，而以下情况将不会是他所遇到的最小危险：没有人知道他是怎样迷路、怎样感到孤独、最后又怎样被良心上的那头怪牛[①]一块块撕碎的；也没有人知道这一切是在哪里发生的。假使他这样的人遇到了不幸，人们也远远不能理解这种不幸，于是人们既不会觉察到他的遭遇，又不会同情这种遭遇。他从此再也不能回头，也不能重新博得别人的同情。

30

如果那些天生注定不适合听我们说话的人，在未经允许的情况下听到了我们的最高领悟，那么我们的话肯定——而且理应——听起来像是蠢话，有时又像是充满了罪孽。哲学家早已了解到，显教教徒和密教教徒之间的区别——这两派存在于印度人当中，此外希腊人、波

---

① 在希腊神话中，克里特岛的迷宫中有一只牛头人身的怪物，它吃掉雅典进贡的童男童女，最后被忒修斯杀死。

斯人以及穆斯林当中也同样有这两派，总之，它们存在于一切地方，只要那里的人相信等级差别，而不信平等和平等权利——并非仅仅在于，显教教义来自于外部，从外部而不是从内部进行观察、评估、衡量以及判断：它们之间更为本质的区别在于显教教义是从下往上观察事物，而密教教义则是从上往下。灵魂可以达到某一高度，在此高度之上，悲剧也就失去了其悲剧性；如果把世界上所有的悲伤都聚集在一起——谁又敢肯定我们见到这场面时一定会对其感兴趣，谁又敢肯定这场面一定会让我们心生怜悯，从而使这些悲伤加倍呢？

一些东西对高等人来说是食物和享受，而在与他们不同的低等人看来则几乎就是毒药。普通人眼中的美德对于哲学家而言也许就意味着罪恶和软弱。一个高等人，当他堕落、枯萎到某种程度时，也许就会出现一些特征，他就会要求那些低等世界（他本身已堕入了这一世界）中的人把他当做圣人来崇拜。有些书籍对于心灵和健康而言具有两种相对立的价值，主要是看读书的人是谁，是一个低等的、没什么活力的人在读，还是一些高等的、更加强健有力的人在读：在前一种情况下，这些书是危险的，使人走向崩溃和分裂；而在后一中情形里，这些书则成了传令官的呼喊，号召最勇敢的人们鼓起勇气。供普通大众阅读的书总是带着一股子恶臭：它上面附带着卑贱者的气味。这股臭味通常出现在人们吃饭喝水的地方，甚至出现在人们顶礼膜拜的地方。一个人若想呼吸新鲜空气，那他就不该走进教堂。

31

在人年轻的时候，他只会单纯地崇拜和鄙视，不懂表达微妙感情的技巧，而这种技巧则是人生最好的收获，如果一个人曾用简单地肯定和否定的方式攻击过人和事，而他事后又被迫因此而付出了高昂的代价，那么这也是公平的。一切都是这样安排的，因而，所有喜好中最坏的一种喜好，即对绝对事物的喜好，应当受到无情的愚弄和虐待，直到一个人学会了在他的情感中加入一点点技巧，甚至冒险去尝试哪怕是虚伪的东西——就像生活的真正艺术家做的那样。

年轻人所特有的义愤而又虔诚的态度仿佛时刻都在忙个不停，直到他们把自己的看法都倾泻在了人和事之上，以致使它们发生了改变——毕竟，年轻本身就具有伪造和欺骗的能力。后来，当这个年轻人因为各种各样的失望而饱受折磨，终于对自己产生了怀疑，但即使是在良心的怀疑与痛苦之中，他也依然热切而又疯狂——如今他对自己感到多么的愤怒！他又是如何不耐烦地把自己撕成碎片！他是怎样地对其长期以来的自我欺骗进行自我报复，仿佛他一直都对此故意视而不见！在这种转变中，他不相信自己的感觉，以此来惩罚自己；他用怀疑来折磨自己的热情；甚至，他会觉得问心无愧也是一种危险，似乎这是一种掩饰自己的方式，表明他那敏锐的真诚心已经耗尽——特别是，他选择了一种立场，本能地开始反对“年轻”——十年过后他才明白，所有的这一切也——依然是年轻！

32

在人类历史的一段最长时期之中——那所谓的史前时期——某一行为有没有价值取决于它所导致的后果。这一行为本身，连同它的起因，都很少被考虑。这就有点像今天中国的情况，孩子的荣誉或污点都会对其父母产生影响：这就是成功或失败的追溯力，这种力能引导人们去判断一个行为的好坏。让我们把这个时期称为人类的前道德时期：这时人们尚且不知道“认识你自己”这一命令！

然而，在最近的一万年中，在地球上一些广大的地区，人们已经逐步知道了这一点。在这些地区，人们不再让行为的结果，而是让行为的起因来决定某一行为的价值。从大体上说，这是一个伟大的事件，涉及对眼光和标准作出的一次意义重大的改进；它是贵族价值观与“血统”信仰的统治在不知不觉中造成的后果——这种统治也是一个时期的标志，这个时期可以在狭义上被称作道德时期。它包含了人们认识自我的第一次尝试。起因取代了结果：真是颠倒了视角！无疑，只有经过了长期的斗争和摇摆不定才能实现这一转变！可以肯定，一种灾难性的新迷信，一种古怪的狭隘阐释，从此就占据了统治地位：行为的起因在最明确的意义上被阐释为意图的起因；人们一致认为，行为的价值存在于其意图的价值之中。把意图看做是行为的全部起因和背景——几乎到今天为止，这种偏见还统治着地球上的道德称赞、道德谴责、道德评判以及哲学。

但是今天——由于人类再一次地自我反省，再一次在思想深度上有所进步，我们是不是有必要再一次下决心颠倒价值观，再一次从根本上转变它呢？我们不是正站在一个时期的门槛上吗？首先，与前面相反，这一时期应该被命名为超道德。毕竟，今天至少我们这些非道德论者怀疑，某一行为的决定性价值恰恰存在于这一行为中的无意图部分，而一切有意图的东西，一切看得见、可被了解、“故意而为”的东西依旧属于其表面和皮肤——这种皮肤同每种皮肤一样，暴露了一些东西，但却掩盖了甚至更多的东西。简而言之，我们相信意图仅仅是一个符号和征兆，依然需要有人去阐释——并且，是一个意义太多的符号，因此就其本身来看，几乎就没有任何意义。我们相信，传统意义上的道德，即意图道德，是一种偏见，是一种轻率的、或许是暂时性的看法——属于占星术和炼金术一类的东西——但无论如何都是必须加以克服的东西。克服道德，在某种意义上甚至是道德自己克服自己——就把这作为那一长期秘密工作的名字吧，这一工作将要留给今天最细腻、最诚实、同时又是最邪恶的良心去完成，把它作为活的灵魂试金石。

33

那种想要为邻人奉献、牺牲自我的情感，那种舍己为人的道德必须遭到无情地审问，并被送至法庭审判——正如那种“毫不考虑利益的思考”美学一样，在今天这种美学被用作一种诱人的伪装，表面上赋予了艺术一种良好的道德心，实质却是为了阉割艺术。这些“利他”、“不为自己”的情感魅力太大、太甜蜜了，以至于我们都没有必要在这一点上产生怀疑，而去追问：“这些会不会是——欺骗?”

这些情感取悦了很多人——那些拥有它们的人，那些享受它们后果的人，还有那些纯粹的旁观者——然而这并不能更有力地说明这些情感应该存在，反而招致了人们的警觉。所以我们要小心了!

34

无论人们今天采用什么样的哲学立场，无论从哪一种观点来看，我们认为我们生存其中的这个世界的谬误性都是我们所能看见的最确定、最可靠的事实：我们为此找到了一堆又一堆的理由，而世界的谬误本质将会吸引我们去思考一些假设，这些假设牵涉到“事物本质”中的一个带有欺骗性的原则。但只要有人认为我们的思维本身，换句话说，“精神”，要为世界的虚伪性负责——一个体面的解决方式，每个自觉或不自觉的上帝拥护者都会选择这样的解决方式——无论是谁，只要他认为这个世界，连同空间、时间、形式、运动一起，都是错误地推断出来的——每个像这样的人至少都有充分的理由去怀疑所有的思维活动。思维不是一直都在以最卑劣的手段愚弄我们吗？有什么能够保证他不会继续玩弄它一直都在玩弄的伎俩呢？

说真的：我们的思想者之天真程度有点令人感动、值得尊敬，直到今天他们还走到意识跟前提问，并要求其作出诚实的回答；比如说，意识是不是“真的”，为什么它如此坚决地与外部世界保持距离，以及其他类似的问题。信仰“直接确定性”是一种道德上的天真，它给我们这些哲学家增添了些许荣耀；但——毕竟，我们不应该“仅仅是有道德的”人！除了有道德以外，这种信仰只不过是一种愚蠢行为，不能给我们增什么光！在中产阶级生活中，经常产生怀疑也许被认为是“品质恶劣”的标志，从而被认为是举止轻率；现在，在我们当中，我们已超越了中产阶级世界，超越了那种简单地肯定和否定的态度——又有什么会阻止我们去表现得轻率鲁莽，去声称：作为地球上迄今为止受愚弄最深的人，哲学家完全有权利去拥有“恶劣品质”；今天他有责任去怀疑，有责任从每一个怀疑的深渊向外面不怀好意地眯着眼去瞧。

原谅我开玩笑扮了这个阴沉的鬼脸，用了这样的比喻；因为我自己早已学会了以不同的方式去思考，学会了在欺骗与被欺骗的问题上去作不同的评价，并且我准备了至少两三种技巧，用来对付哲学家在反抗欺骗时冒出的那股盲目的怒火。为什么不呢？认为真理比单纯的表象更有价值，这只不过是一种道德偏见；甚至，这是世界上最难以证明的假设。让我们至少充分承认以下这点：如果没有某一角度的评价和表象来作为基础，就根本不会存在生命；如果有人想要像某些哲学家那样，用品德高尚的狂热精神和笨拙行为去整个地废除“表面世界”——那么，假设你能够做到那样，至少你的“真理”也会荡然无存！确实，是什么从根本上促使我们认为“真”与“假”之间存在着一种本质上的对立呢？设想只有明显程度之分，就像只有物体阴影的明暗之分——用画家的话说，不同的“明暗关系”，这还不够吗？为什么和我们有关的这个世界不能是一种虚构？如果有人提出疑问：“但虚构之物就必然关系到其创作者呀？”——人们难道不能直接回答：什么？这个“关系到”不也可能是虚构的么？怎么就不能像对待谓词和宾语那样，在和主语有关的地方也说点反话呢？怎么就不允许哲学家从对语法的信仰上站立起来呢？一切都多亏了女家庭教师——但对哲学而言，难道还没到合适的时候去放弃对女家庭教师的信任吗？

35

啊，伏尔泰！啊，人道主义！啊，胡说八道！有些关于“真理”以及寻找真理的东西；当一个人搞得太人性化了的时候——“他只是为了行善才去寻找真理”——我打赌他什么也找不到！

36

假如除了我们这个欲望与激情的世界之外，再没有其他“给定的”真东西，假如除了我们的冲动以外，我们再也不能够上升或下降至其他任何“现实”——因为思维仅仅是这些冲动相互之间的关系：那么，我们可不可以做个实验，去询问：对于在这种“给定的东西”基础上理解所谓的机械（或“物质”）世界，这一“给定”是否条件充足？我不是指有欺骗性的世界、作为“单纯表象”与“理念”（按照贝克莱[①]和叔本华的说法）的世界，而是如同我们的感情一般真实的世界——作为感情世界的一种更为原始的形式，这一世界中的所有东西还处于一种有力的统一状态，一直到它们在一个有机的过程中产生分叉并发展（它们也自然而然地就变得更加柔弱、更加无力）——成为一种本能的生命，其所有的有机功能，包括自我调节、吸收、滋养、排泄和新陈代谢，都综合地结成一体——成为生命的最早形式？

最后，不仅仅是可以做这个实验；为了寻找正确的方法，更是有必要做这个实验。不要去假设多种因果关系，除非对于某一种关系的实验已经被推到了极端（推到了荒谬的地步，如果我可以这样说的话）——这是今天人们逃避不了的一种方法道德——它是“根据其定义而得出的”，正如数学家说的那样。这个问题最终变成了，我们是否真的承认意志的效力，我们是否真的相信意志中的因果关系：如果

① 乔治·贝克莱（1685～1753年），爱尔兰主教、哲学家，其基本理论是反对托马斯·霍布斯的物质主义，认为存在是感知或被感知。其著作有《人类的知识原理》等。

答案是肯定的——事实上我们相信这一点只是因为我们相信因果关系本身——那么我们就不得不尝试去把意志的因果关系假设成为唯一的因果关系。当然，“意志”只能影响到“意志”——并不能影响“物质”（比如说，无法影响“神经”）。总之，我们必须去冒险猜测：在能够辨认出“效力”的地方，意志是否对意志不产生影响——既然所有的机械事件中都有一种活跃力量，那么是否这些事件都不是意志力量，都不是意志的效力。

最后，假设我们把我们全部的本能生活都成功地解释为意志的一种基本形式的发展和分叉——这种基本形式即我所说的权力意志；假设一切有机功能都能被追溯到这种权力意志，并且人们从其中找到了解决生殖与营养问题——这的确是个问题——的方法，那么人们就有权把所有的作用力都明确认定为——权力意志。从内部看到的这个世界，这个依据“可知特征”来定义和确定的世界——它只能是“权力意志”，不可能是其他的。

37

“什么？说明白点，这难道不是指：上帝被驳倒了，而不是魔鬼？”恰恰相反！恰恰相反，我的朋友们！并且，魔鬼——是谁让你说得这么明白的！

38

最近，关于法国大革命的一些真相终于为现代人所发现——从近距离判断，这场令人厌恶的闹剧根本就是多余的，不过，在整个欧洲，那些高贵而狂热的旁观者都隔着一段距离来思考它，并依照他们自己的愤怒和热情对它进行诠释，他们如此坚持不懈，如此激情洋溢，以至于那一文本最终消失在了阐释之下——这种事情有可能会再次发生，高贵的子孙也许会再次以那种方式误解全部的过去，因为只有用这种方式，他们才能够忍受过去。

或者说得更确切点：这不正是现在已发生过的事吗？我们自己不也当过这“高贵的子孙”吗？既然我们懂得了这点，那么现在不正是到了要结束这种事情的时候了吗？

39

没有人会仅仅因为某一学说能使人愉悦或教人行善，就认为这一学说是真实的——也许那些可爱的“理想主义者”除外，他们对善、真、美怀着过度的热情，并且任由那些杂七杂八的、呆头呆脑的、善良的必需之物在他们的池塘里游泳嬉戏，乱作一团。幸福和美德不是理由。但人们经常忘记了——甚至清醒的头脑也常在这一点上健忘——使人不幸福和教人为恶也不是反面理由。一些极其有害的、极其危险的东西可能同时也是真实的。确实，万物的一个基本特征就是：那些完完全全了解它们的人就有可能被毁灭，在这种情况下，某一思想的力量将由它所能承受的“真理”的多少来衡量——或说得更明白些，由它可以被变得空洞、遮掩、悦耳、迟钝和虚伪到怎样的程度来衡量。

但根本不用怀疑，当涉及发现某一部分真理的时候，恶人与不幸福的人更加具有优势，他们成功的可能性更大——更不用说那些幸福的恶人了，道德家们对这类人绝口不提。人们通常称赞学者那和蔼、细致、易于安抚人心的好脾气，以及他们那从容不迫的性格，这种称赞是对的。但也许，严厉与狡诈，强者、独立精神和哲学家的出现准备更有利的条件。在此之前，假设“哲学家”的概念并不仅限于那些写书的哲学家——或是让别人为其哲学写书的哲学家！

斯丹达尔为我们提供了自由精神哲学家形象的最后一个特点，考虑到德国人的趣味，我想强调一下这一特点——因为他反对德国人的趣味。“为了成为一个优秀的哲学家，”这位最后一个伟大的心理学家说，“应该做到冷漠、敏锐、不带有幻想。一个赚了大钱的银行家就具有作出哲学发现所需要的部分性格，换句话说，他能够看清楚这是什么。”

40

任何深奥的东西都喜欢面具；而最深奥的东西甚至痛恨形象与比喻。难道掩饰上帝的羞愧的合适伪装就不能与其相反吗？这个问题值得去问：如果某个神秘主义者在其头脑中没有冒险这样做过，那将很令人奇怪。有些像这样精细的事情，人们出色地用粗蛮将其掩盖，把它们隐藏了起来；在仁爱与过度宽容之后，最明智的做法就是拿根棍子，把所有看到过这一切的人都狠狠地打一顿：这将会使他们的记忆变模糊。有些人知道如何去模糊和虐待他们自己的记忆，为的是至少对这个唯一的目击者进行报复：羞愧是有创造力的。

最深的羞愧并非是由最坏的东西导致的：面具之下并非只有诡计——狡诈之中也包含了太多的善良。我能想象一个人，如果他必须死死看护那些宝贵且易碎之物的话，那他就会像只带着沉重铁箍，装满新酒的旧木桶一样，沿着其生命笨拙地滚下去：他给其羞愧所作的精心装扮迫使他这样去做。

如果一个人的羞愧心比较深重，那他就会在人迹罕至、甚至连他最好的朋友也不知道的小路上，遭遇命运以及微妙的抉择：朋友们无法看到他所面临的致命危险，也无法知道他已重新获得了对人生的肯定。这样一个被隐藏了的人，他本能地需要为沉默说话，本能地需要为埋葬在沉默中的一切而辩护，并且不知疲倦地逃避与人交流，那么他就会想要，并且努力让他的面具代替他来在朋友们的心中和脑海里漫步。即使他不想要这样，他终有一天也会发现：尽管如此，他还是戴着面具——而且这样还好些。每个深邃的心灵都需要一个面具：并且，每个深邃心灵的周围，都有一个面具在不断生长，这是由于人们不断地对他所说的每个词、走的每步路、显露出的每个生命迹象作出错误的，也就是说，肤浅的阐释。

41

人们必须对自己进行一下测试，来证明自己注定是要独立和发号施令的——而且要选择一个合适的时间。人不应该躲避自己的测试，虽然这也许是他能够玩得最危险的游戏，并且最终是在自己的注视下进行，而没有其他的观众或裁判。

再也不要依恋别人了——甚至不要依恋最心爱的人——每个人都是一座监狱，同时也是一个隐蔽之所。再也不要依恋祖国——哪怕它正饱受苦难，最需要帮助——忘记一个已取得胜利的祖国要容易一些。再不要对同情心念念不忘——甚至是对高等人的同情，有些机会已经让我们窥探到了他们少有的痛苦与无助。再也不要依恋科学——即使它用最有价值的成果来引诱我们，这些成果仿佛是专为我们而准备的。不要再依恋人自身的超越，不要依恋于鸟儿那贪图感官享受而追求的遥远距离以及特立独行的作风，它努力飞得更高，只是为了看到更多底下的东西——这就是飞行者的危险。也不要再依恋我们自身的美德，从而整个人就变成了我们自己身上某一局部的牺牲品。比如说，我们殷勤好客的作风，这对于上等人与有钱人来说是危险中的危险，他们过于大方、几乎毫不在意地花自己的钱，因此过分夸大了慷慨这一美德，而使之成为了一种恶行。人必须懂得如何保护自己：此即关于独立性的难度最大的测试。

42

一类新的哲学家正在出现：我将冒险给他们起个不免有些危险的名字。按照我对他们的阐释，既然他们同意别人来阐释他们——因为他们天性如此，喜欢别人在某种程度上一直把他们当作谜——这些未来的哲学家也许能被正确地——也可能是错误地——称为“尝试者”。这个名字本身最终也仅仅是一种尝试，以及，如果你愿意的话，一种诱惑。

43

这些即将到来的哲学家会不会是“真理”的新朋友？这很有可能，因为到目前为止，所有的哲学家都深爱他们自己的真理。但他们肯定不会是独断论者。如果他们的真理被认为是一种适合所有人的真理的话，这肯定会冒犯他们的真理，同样也会冒犯他们的趣味——而所有独断论的野心所怀有的隐秘愿望和暗中含义则正是与他们相反。“我的判断只是我自己的判断”：其他人都不能轻易享有——这种未来哲学家在谈到自己时可能会这样说。

人们必须甩掉那种想要与他人观点一致的坏习惯。当周围的人都享有利益的时候，“利益”就不再成为利益。那么又怎么会有“公共利益”呢！这一短语自相矛盾：任何公共的东西总是没有什么价值的。最后结果必定是该怎样就怎样，一如既往：伟大者依然伟大，深奥者仍旧深奥，优雅者依旧保持其微妙与细腻感觉，简而言之，一切稀有之物都将继续保留其珍稀之处。

44

在说了以上的这一切之后，我是否还有必要清楚地说明他们将会是自由的、非常自由的精神，这些未来的哲学家——虽然他们肯定不仅仅是自由精神，而是包含了更多、更高级、更伟大，并且完全不同的东西，希望大家不要误解了这点而将其错认为其他。但当我说这话的时候，我感到了有一种义务——对他们，同时也是对我们自己（作为他们的先驱与前辈），我们这些自由精神——要扫除我们身上的一种愚蠢的、旧的偏见和误解：这种偏见和误解已长期笼罩在“自由精神”这一概念之上，如同一团迷雾。

在欧洲的所有国家，以及美国，如今有些人正在滥用这一名称：一类极其狭隘、极其闭塞、戴着锁链的精神，他们所追求的东西与我们的目的与本能恰恰相反——更不用说与正在出现的新哲学家相比，他们毫无疑问只是些封闭的窗户和紧锁的大门。总之，有些可悲，他们属于平等主义者——这些起错了名字的“自由精神”——他们是民主嗜好与其“现代思想”的奴隶，为其主人作口头与大量书面的辩护；他们都是从不感到孤独的人，没有他们自己内心的孤独，他们是笨拙的好人，人们不能否认他们勇敢、正直、值得尊敬——只不过他们不自由，而且肤浅得可笑，这点尤其表现在他们有种基本倾向，想要在迄今存在过的古老社会的形式中寻找到所有人类痛苦与失败的根源——这种方法恰好颠倒了真相！他们竭尽所能想要追求的是牧群在碧绿草原上所享受到的普遍幸福，是让每一个人都安全、不受威胁、得到慰藉以及生活得更加舒适。他们反复高唱得最多的两首歌谣和教义是“权利平等”与“同情一切苦难者”——苦难本身则被他们认为是必须废除的东西。

我们这些与其相反的人，已经睁大了眼睛，凭着良心来思考以下这个问题：“人”这株植物迄今是在哪个地方、以何种方式最富有生机地成长到了某一高度——我们认为这种情况每次都发生在相反的条件下，因而首先必须极大地增加人处境的危险性，这样他的创造才华与模仿能力（他的“精神”）就不得不在长期压力和约束下发展，从而变得精细与大胆，他的生命意志也就被迫得到提高，成为一种绝对的权力意志。我们相信严酷、暴力、奴役、小巷中与内心里的危险、隐匿、坚忍、冒险体验艺术以及各类恶行，人身上一切邪恶的、可怕的、残暴的东西，一切类似食肉野兽与毒蛇的东西，都可以帮助提高“人”这一物种，正如它们的对立物那样。确实，当我们仅仅说了这么多的时候，我们的话还没有说完；无论如何，在这一点上，我们不管是畅谈或是保持沉默，我们都站在另一端，远离所有现代意识形态与群居需要——也许我们与它们正相反？

我们这些“自由精神”在确切意义上并不是最喜欢交际的人，这是否令人感到奇怪？我们并不想把人能够摆脱什么，以及他将要被逼至何处这些问题的每一点都揭露出来，这是不是有些奇怪？至于“善与恶的彼岸”这一危险的准则所具有的含义，我们至少努力避免它被人误解：我们不同于“libres－penseurs”，“liberi pensatori”，“Freidenker”[①]，以及“现代思想”的忠实拥护者给他们自己起的任何其他的名字。

我们待在国内，或者至少已经去过许多精神王国作客；一次次地逃离了那些散着霉味而又惬意的小角落，那些偏爱与偏见、年轻时代、血统、关于人们与书本的偶发事件，还有甚至是浪迹天涯的疲惫，都仿佛曾经将我们驱赶至这些小角落；我们满怀恶意地抵抗依赖心理的诱惑，这种诱惑隐藏在荣誉、金钱、援助以及感官狂热之中；我们甚至对窘迫处境和多变的疾病心存感激，因为它们让我们一直都得以摆脱某些规则与其“偏见”，我们感谢自己心中的上帝、魔鬼、绵羊和蠕虫；我们对于罪恶充满好奇，我们是残酷的调查者，拥有自由的手指去探察不可测量之物，拥有牙齿与肠胃去吞食不能消化之物，时刻准备去做需要敏锐感觉与敏锐感官才能完成的各种壮举，随时准备去进行各种冒险，多亏了过度的“自由意志”，我们拥有先天与后天的灵魂，无人可轻易地窥探它们的最终意图，我们拥有前景与背景，始终无人可到达那里进行探索；我们藏在灯罩之下，我们是征

---

① 这三个词的意思皆为“自由思想者”。

服者，哪怕看起来我们像是继承者和败家子，我们一天到晚都在安排与收集，我们吝啬地守卫着我们的财富以及那塞得满满的抽屉，我们以节省的原则学习与忘却，在作计划时却善于创新，有时为范畴表而自豪，有时是迂腐的学究，有时是在大白天工作的夜猫子；是的，在必要的时候甚至是稻草人——今天就有这种必要；这就是说，因为我们是“孤独”天生的、结拜过的、唯恐失去的朋友，这种孤独是我们自身在午夜和正午时分所感受到的最深沉的孤独：我们就是这一类人，我们这些自由精神！也许你们也有些地方和我们相似，你们这些即将到来的人？你们这些新哲学家？

第三章　宗教本质

45

人类灵魂与它的界限，人类内心体验迄今所能到达的范围，这些体验的高度、深度和距离，灵魂到目前为止的全部历史以及它尚未耗尽的可能性——这对于一个天生的心理学家与爱好“大狩猎”的人而言，是他命中注定的猎场。然而，他将会多么频繁地在绝望中自言自语：“一个猎人！唉，只是孤身一人！看看这片巨大的森林，这片原始森林!”于是，他就会希望他有几百名帮手以及强壮而又训练有素的猎犬，从而可以把他们派到人类灵魂的历史中，去围捕他的猎物。但这是徒劳的：他只能一次又一次地带着痛苦彻底接受现实，他怎么也找不到助手与猎犬来帮他做一切让他倍感好奇的事情。如果把学者们打发到一个处处需要勇气、直觉与细心的全新而又危险的猎场中去，那就犯了错误，因为在“大狩猎”与巨大危险开始的地方，他们就变得百无一用了：正是到了那里，他们的视力便开始衰退，嗅觉也变得迟钝了。

比如说，为了描绘和判断知识与良心问题迄今在宗教人士的灵魂中有过一段怎样的历史，一个人也许就必须做到像帕斯卡尔①那聪明

① 帕斯卡尔（1623～1662年），法国数学家、物理学家、哲学家。

的道德心一样思想深奥、饱受伤害和面目可憎——并且他还需要如同广阔苍穹一般聪明而又邪恶的灵性，能够以俯视的角度搜寻这一大群危险而痛苦的体验，给它们排序，并迫使它们形成规则。

但谁又能够帮我这个忙！但谁又有时间去等待这样的仆人！他们显然人数太少；他们在任何时代都不太可能出现！最后人们不得不亲自去做这一切，为了自己能够了解一些事情：这就是说，人们有一大堆事要做！

然而，和我同类的好奇心最终依然会是一切罪恶中最令人愉快的罪恶——请原谅，我的意思是说：对真理的爱会在天堂得到报偿，甚至在地上也会得到报偿。

46

早期基督教所要求并经常获得的那种信仰，这一信仰存在于那充满怀疑且自由奔放的南方世界，在那里除了罗马帝国教育人们要忍受以外，各个哲学学派之间也在进行长达数世纪的争斗——这种信仰并不单纯，也不是体壮如熊的陆军中尉所持有的那种信仰，比方说，象路德①或克伦威尔②那样的人，或者像某些北方的精神蛮荒之人借以依附于上帝与基督教的那种信仰。它更加接近于帕斯卡尔的信仰，仿佛是理性以一种可怕的方式慢性自杀——某种顽强的、长寿的、如蠕

---

① 马丁·路德（1483～1546年），德国神学家、欧洲宗教改革运动的领袖。

② 奥利弗·克伦威尔（1599～1658年），英国军人、政治家和宗教领袖，他在英国内战时率领国会军队取得了胜利并要求处死查理一世。作为英格兰的护国公，他实际上实行独裁统治。他的儿子理查德在他之后继任护国公，但不久以后就因查理二世的王政复辟而下台。

虫一般的理性，它不可能被马上杀死或一击致命。

从一开始，基督教的信仰就是一种牺牲：牺牲了精神所拥有的一切自由、一切骄傲与一切自信；与此同时，它又是一种奴役、自嘲和自残。这种信仰中包含着残忍与宗教上的腓尼基主义，这正符合一种过分成熟的、复杂的、被过度宠坏了的良心的希望：它预先认定，对精神进行征服的过程有种难以形容的痛苦；并且这种精神的所有过去和所有习惯都会抵制“信仰”向它展示的荒诞的高度。

由于现代人对一切基督教术语都不太敏感，所以他们不再能感觉到“十字架上的上帝”这一矛盾说法在古人头脑中引起的那讨厌的最高联想。至今也从未在任何地方有过这样大胆的颠倒，从未有过像这种说法那样可怕的、喜欢探究的、可疑的东西：它预示着对一切古代价值观念的重新评估。

就是这个东方人，这个老谋深算的东方人，就是这个东方奴隶用这种方式向罗马以及它那高贵而又轻率的宽容进行了报复，对罗马信仰的“天主教教义”进行了报复。这种教义一直以来都不是信仰，而是抛弃信仰，它总是半带容忍、半带微笑地漠视信仰的严肃性，它使得奴隶们对其主人狂怒不已——并反对他们的主人。“启蒙运动”使人狂怒：因为奴隶想要的是绝对之物；他们没有细腻感情，爱便爱得深之又深，爱到痛苦与发病的程度，他们的恨也一样——他们不为人知的众多痛苦使得他们狂怒地朝向那一表面上否认痛苦的高贵趣味。对痛苦抱以怀疑态度，这实际上仅仅是贵族道德的一种装腔作势，却也是造成最近一次奴隶叛乱的原因之一，这次叛乱以法国大革命为其开端。

47

无论宗教神经症曾经出现在世界上的什么地方，我们都发现这一病症总是伴随着三个饮食要求：孤独、禁食和节欲。但人们不能确信无疑地判定哪个是因，哪个是果，以及这里到底是不是包含了因果关系。这最后的一个疑问仿佛已经被证实了，因为在这一病症最常见的症状中间，无论是野蛮人里也好，文明人里也好，我们都发现了一种最为突然、最为无度的纵欲现象，然后，转瞬之间，这种过度纵欲又转变为一种忏悔的痉挛感觉，以及一种对于世界和意志的否定——这两者或许都能被阐释成为潜藏的癫痫症？但现在这里是最应该反对阐释的地方：至今还没有其他任何一类病症，其周围环绕着如此众多的胡言乱语和迷信说法，没有其他任何一类病症看起来更加令人感兴趣，甚至是令哲学家感兴趣。现在是时候冷静一点了，去学会小心谨慎——但更好的是：去看看别处，走向别处去。

甚至在最近的哲学背景中，即叔本华的哲学背景中，我们都几乎找到了那一问题本身，即找到了这一令人厌恶的关于宗教危机与觉醒的问号。人怎么可能否认意志呢？怎么可能会有圣徒呢？这真的仿佛就是使叔本华变成哲学家的那个问题，他就是从这里入手，开始了他的哲学思考。所以一个真正的叔本华式的结论就出现在，当他最忠实的信徒（就德国来说，可能也是最后一个），即理查德·瓦格纳[1]，

---

① 理查德·瓦格纳（1813～1883年），德国作曲家，尤以其浪漫歌剧著名，常以德国的传说为其作品基础。作品包括《汤豪塞》和四幕歌剧《尼伯龙根的指环》。

将他毕生的事业停止在这一点上，并且最终把这一可怕而又永恒的类型变成孔德里[1]这一肉体形象搬上舞台，把它作为真实的类型时——正是在这个时候，几乎欧洲所有国家的精神病学家就有了机会去近距离研究它，无论宗教神经症——或者我把它称为“宗教本质”——最近一次在哪里用“救世军[2]”的形式发作与蔓延。

让我们来询问一下到底是什么东西，在有关圣徒的整个现象中仿佛让各种类型的、各个年龄阶段的人，甚至是哲学家们产生了极大的兴趣。毫无疑问，是伴随其中的奇迹氛围——后继而来的一系列对立物、一系列灵魂的状态，它们被人用对立的方式进行道德评判。这就不难理解，为什么一个“恶人”突然间就转变成了一个“圣徒”，一个善人。我们迄今所拥有的心理学知识都在这一点上翻了船：这是不是主要因为心理学把自己置身于道德的统治之下，因为它同样也相信对立道德观，从而在文本与事实中看到、读到和阐释的都是这些对立物呢？

什么？“奇迹”仅仅是阐释中犯下的一个错误？只是由于语文没学好？

48

天主教与拉丁民族之间的关系，似乎要比普遍意义上的基督教与我们北方人的关系亲密得多——因此，不信教的含义在天主教国家与新教国家是完全不同的：在他们那里，不信教就是一种对于民族精神

---

① 瓦格纳的歌剧《帕西法尔》中塑造的一个被冲动的感性所困扰的人物典型。

② 基督教的一种传教组织，编制仿部队形式。

的背叛，而在我们这里，这甚至是回归民族精神（或反精神）。我们北方人毫无疑问是野蛮民族的后裔，这一点也体现在我们的宗教天分上：我们在宗教方面没什么天分。我们也许可以寄希望于凯尔特人，他们在基督教的影响向北蔓延的过程中，为其提供了最好的土壤：在法国，基督教的理念生长之繁茂，达到了北方惨淡的阳光所允许的最大程度。最近那些法国的怀疑论者，由于他们有着凯尔特血统，因而在我们看来他们是何其古怪地带着一股子虔诚！奥古斯特·孔德[1]的社会学在本能上所带有的那种罗马逻辑，在我们看来是多么有天主教倾向，和德国气质多么格格不入！圣伯夫[2]，那个带领我们游览波尔罗亚尔女隐修院的亲切而机灵的导游，虽然他对耶稣会士一直怀有敌意，但他自己却多么像个耶稣会士！特别是厄内斯特·勒南[3]：在我们北方人听来，勒南所说的话是多么的不可理解：每次只要有一点点无关紧要的宗教压力，都会让他的灵魂失去平衡，而说得更精确点，他的灵魂原本喜欢感官享乐，喜欢舒适地大步向前走。让我们在此复述他的一些优美的语句——在我们这些也许不那么优美、更为死板，即更加带有德国气质的心灵中，这些语句会立刻激起多少邪恶与兴奋的回应！

“因而让我们大胆地说：宗教是正常人的产物，当一个人最虔诚，以及对一种无限的命运最为肯定的时候，他便最为接近真理……当他

① 奥古斯特·孔德（1798～1857年），法国哲学家，以实证主义创始人闻名。

② 圣伯夫（1804～1869年），法国文学评论家和历史学家，因以传记方式研究文学而著名，著有《波尔罗亚尔女隐修院》。

③ 约瑟夫·厄内斯特·勒南（1823～1892年），法国文献学家、哲学家和历史学家，写有系列著作《基督教起源史》。

善良的时候，他才会想要让美德去符合一种永恒的秩序；正是在他用一种不带偏见的方式思考事物之时，他才发现死亡是荒谬且让人厌恶的。我们怎么能够不认为，正是在这样的时刻人们才会看得最清楚呢?”

这些话在我听来是如此的不顺耳，不习惯，于是一看到它们，我就怒不可遏，在页边空白处写道：“这真是宗教的胡说八道!”但我随后怒火便平息了，居然喜欢上了这些话——这些颠倒真相的语句！有人与我观点对立，这真好，真有成就感!

49

古希腊宗教生活的一个令人惊奇之处，就是它所洋溢着的那广阔而丰富的感恩之情：只有极其高尚的那一类人才会以这样的方式来面对自然与生活!

后来，当下层民众在希腊占据了优势的时候，恐惧之心也就在宗教中蔓延开来——这便为基督教的出现准备好了条件。

50

对上帝怀有的热情：有的人很粗鄙，真心真意而又带着点强迫，就像路德——整个新教都缺少南方的细腻感情。有时候这种热情里包含了一种东方式的狂喜，就好像一个原本不该受到奖赏的奴隶却获得了赦免，并得到了提拔——比方说，奥古斯丁①就是这样，他确实言

① 奥古斯丁：早期基督教教父及哲学家，曾任希波勒吉斯地区（现阿尔及利亚）主教，著有自传体作品《忏悔录》及长篇作品《神之城市》。

行无礼，且缺少高贵的姿态与愿望。这种热情有时还带有女人般的温柔与欲望，羞怯无知地向往着一种神秘而自然的统一，就像居伊昂夫人①那样。在许多情况下，这种热情显得十分古怪，看起来仿佛是少女或青年在青春期所采取的一种伪装，在有的地方甚至好像是老处女的歇斯底里，同时也是她最后的野心——在许多这样的例子里，教会都宣布这样的女人为圣徒。

51

到目前为止，那些最有权势的人依然在向圣徒满怀崇敬地鞠躬，把他当作自我征服与故意最终自我克制之谜。他们为什么要鞠躬？在圣徒身上——可以说，在他那脆弱而悲惨的外表所带有的那一问号背后——他们感觉到了那种想要在这样的征服中检验自身的高级力量，感觉到了意志的力量，在这种力量中，他们认识到了自己作为统治者的实力与快乐，并且以此为自豪：他们在尊敬圣徒的同时也在尊敬自己身上的某种东西。此外，看到圣徒的那副样子，这唤起了他们内心的某种疑问：如此大的自我否定并压制自己的本性，这样大的付出肯定是有所企图的，他们这样对自己说并问自己。也许这里面藏着某种理由，藏着一些极大的危险，那些苦行者或许会从暗中安慰他们的人与拜访他们的人那里得到一些与此有关的内部信息？简而言之，世界上的当权者们在圣徒面前意识到了一种新的恐惧；他们感觉到了一种新的力量，一个奇怪的、尚未被征服的敌人——正是“权力意志”使得他们在圣徒面前止住了脚步。他们不得不向他发问。

① 居伊昂夫人（1648～1717年），法国神秘主义者。

52

在犹太人的《旧约全书》这本神圣的正义之书中，有许多用庄严风格写成的人物、事件和言论，甚至希腊与印度的文学都无法与之相比。人们心怀恐惧与崇敬，站立在这些数量众多的人类历史遗迹前面，将会满怀愁思地怀念起古代亚洲与它那突出在外的小小半岛欧洲，欧洲想尽一切办法也要在亚洲面前表现出“人类的进步”。当然，如果一个人本身只不过是个瘦弱、温顺的家养动物，只关心家养动物的需要（就像我们今天那些有教养的人们，包括那些信仰“有教养的”基督教的人），他就没有理由在这堆废墟之中感到任何惊奇与悲伤——是否能够欣赏《旧约全书》是鉴别“伟大”与“渺小”的试金石——也许他会发现，《新约全书》这本恩典之书更加符合他的心境（这本书包含了一大堆真实的、柔弱的、陈腐的忠实信徒以及一大股渺小灵魂的气味）。把这本《新约全书》，这本从各方面来看都充满了洛可可情调的书，与《旧约全书》粘在一起，把两本弄成一本，来当做“圣经”，当作“精华之书”——这可能是欧洲文学界违背其良心干过的最厚颜无耻的事情，是“对灵魂犯下的罪”。

53

为什么今天盛行无神论？——上帝这一“天父”已经被彻底驳倒了；“审判者”与“酬劳者”也遭到了同样的境遇。还有他的“自由意志”也是如此：他无法听到——就算他听到了，他也无可奈何。最不幸的是：他仿佛不能清楚地与人交流：他是不是没说清楚？

这就是我在大量与人交谈、向人提问和聆听人言的基础上，发现的欧洲有神论衰落的原因。我感觉到了宗教本能的确正在发展壮大——但这种本能却用深深怀疑的态度拒斥有神论的回答。

54

整个现代哲学到底都在干些什么？自从笛卡尔以来——事实上与其说是依照他的先例，还不如说是无视他的那套做法——所有的哲学家都表面上以批判主谓概念为伪装，暗地里却试图谋杀那古老的灵魂概念——这就意味着试图谋杀基督教教义的基本前提。现代哲学作为一种认识论上的怀疑主义，总是明地里或暗地里反对基督教——虽然在更有教养的人听来，它并非是反宗教。

因为，过去人们相信“灵魂”，就如同人们相信语法和语法上的主语：人们说，“我”是条件，“思”是谓词，受条件的制约——思考是一种活动，必须有一个主体作为它的原因。于是人们便坚持不懈、绞尽脑汁地想要摆脱这张罗网——去探究这一情况会不会有可能刚好相反：“思”是条件，“我”则是被条件限制之物；在这种情况下，“我”只是思这一行为的综合产物。实际上，康德想要证明的是，如果以主体为出发点，那么主体便不能被证明——客体也不可能被证明：他也许总有一天会认识到主体，换句话说，“灵魂”，可能仅仅是一种表面上的存在——这种观念就是吠檀多哲学，它曾经存在于世，并发挥过巨大的能量。

55

宗教的残酷性是一把有着许多梯级的大梯子；但其中有三个梯级是最为重要的。

从前，有人把人类当成供品来祭神，也许这当作祭品的正是他最心爱的人：史前宗教中把头胎生的孩子当成祭品，就属于此类，还有台比留[①]皇帝在卡普里岛的蜜特拉神洞穴里所供奉的祭品，那是罗马所犯下的一切时代错误中最可憎的一桩。

后来，在人类的道德时期，人们把自己最强烈的本能、自己的“本性”当成供品来祭神：这种喜庆的欢乐点燃了苦行者以及“反本性”的狂热者那双残酷的眼睛。

最后——还有什么东西可以当作祭品呢？在最终，人是不是要被迫一次性地把所有给人以慰藉的、神圣的、能够治愈伤痛的东西，以及一切希望、一切对于隐藏着的和谐的信仰，对于未来幸福与正义的信仰，都作为祭品来供奉上帝呢？人难道不会把上帝本身也当作祭品，并出于对自己的残酷，而去崇拜石头、愚昧、重力、命运，甚至是虚无吗？用上帝去供奉虚无——这一最后的残酷所带来的荒谬谜团将会保留给现在正在出现的这一代人：但我们所有人都已经知道了其中的一些情况。

---

① 台比留：公元1世纪14～37年间为罗马皇帝。

56

无论是谁，只要他带着像我这般不可思议的渴望，去努力想要把悲观主义彻底弄明白，并把它从半基督教、半德意志的狭隘思想与简单头脑中解放出来（在本世纪，它最终是在这种狭隘和愚蠢中向人们展示了自己，即，以叔本华哲学的形式）；无论是谁，只要他真的已经用亚洲人和超越亚洲人的眼光去观察了，而且是彻底观察了那所有可能的思维方式中最为否定世界的方式——超越善与恶，并且就像佛陀与叔本华一样，不再被道德的符咒与错觉所迷惑——他也许会因此而不知不觉地睁开眼睛，看到相反的理想：那种最高尚、最有活力、最热爱世界的人所具有的理想，这种人不仅学会了与过去和现在的一切相妥协，与其友好相处，而且他们还想要让所有的过去与现在永远重复下去，并永不满足地大喊开始——不仅仅对着他们自己，还对着整个演出与场景，不仅仅对着某一个场景，实际上还对着所有需要这一场景的人——以及那些使这一场景成为必然的人，因为他们时不时地需要自我——并使自我成为必然——什么？这难道不是——恶性循环创造了上帝？

57

凭借精神之眼与洞察力的力量，一个人周围的距离就会渐渐增长，同样，他周围的空间也会增长：他的世界会变得深奥；不断会有新的星辰、新的奥秘和新的形象在他眼中变得清晰可见。也许精神之眼用其敏锐而又善于思考的目光观察的一切东西，只不过是出于一时偶然，只不过是一场游戏，一些给孩子们与那些思想幼稚的人玩的东西。也许终有一天，那些最为庄严的、曾导致了众多纷争与苦难的观念，那“上帝”与“罪恶”的观念，对我们来说将会变得无关紧要，正如孩子的玩具和孩子的苦恼之于老人一样——也许“老人”在那时将会需要另外的玩具与另一种苦恼——他仍然孩子气十足，永远都是个孩子！

58

人们是否已经真的注意到了，真正的宗教生活（它喜欢专心专意地进行细致的自我反省，以及保持一种自称为“祈祷”的软弱的镇静状态，并且时刻准备着迎接“上帝的出现”）究竟在多大程度上需要有一个生活悠闲，或者半悠闲的阶层——我指的是那种从古代通过血统流传下来的心安理得的悠闲，这种悠闲与那干尽丑事的贵族气质并非完全没有干系——那种使人身心都变得庸俗的气质？而且，从此我们那现代的、嘈杂的、费时间的辛勤劳动，那种为自己而自豪（愚蠢的自豪）的勤勉作风，便教导人们“无信仰”，并使他们作好“无信仰”的准备。在这方面，它起的作用超过了其他一切？

比如说，在居住在德国且远离宗教的人群当中，我发现有一些人，他们的“自由思想”种类不一，来源多样，但首先值得注意的是，他们中的大部分人由于一代又一代地辛勤劳动，已经失去了宗教本能，因而他们甚至都已经不知道宗教有什么好处，而仅仅是默不作声而又惊讶地把宗教当作世间一物。他们感到有太多的事情要忙，这些好人们，要么忙于工作，要么忙于享乐，更不用说去报效“祖国”，去看报纸以及去做“家务”了：他们仿佛只是没有多余时间留给宗教，尤其是，他们仍然还没搞清楚，宗教是另一种工作，还是另一种享乐——因为，他们对自己说，总之不可能人们去教堂仅仅就是为了搞坏好心情吧。他们并非是宗教习俗的敌人；每当某种特定情况要求他们遵从这样的宗教习俗时，比方说国家下了命令的时候，他们就会照着要求去做，就像做其他要求的事情一样——带着一种耐心的、符合礼仪的认真态度，没有太多的好奇心与不舒服的感觉：他们只是生活得太靠边，完全置身宗教之外，因而感到在这个问题上没有争论的必要。

绝大部分德国中产阶级新教徒都属于这种不关心宗教的人，尤其是在工作繁忙的大商业与贸易中心；除此之外，还有大学里面绝大部分的学者与其他教职人员（除了神学家们，在心理学家看来，他们的存在与可能性是一个不断增长的、愈来愈难解的谜）。虔诚的人们，或甚至只是隶属于教会的人们，几乎不能理解今天一个德国学者需要多少意愿的驱动——或许有人会说是怪念头——才能认真地对待宗教问题。因为他所从事的职业的缘故（并且，就像我们已经指出过的一样，因为他出于现代道德心而坚持一种职业般的辛勤劳动），他更容易在宗教面前感到一种充满优越感的、几乎是仁慈的快乐，有时还伴随着些许对于“不洁”心灵的鄙夷，他认为凡是承认教会的地方都存在着这种“不洁”心灵。只有借助于历史（而不是以他自己的个人经历为基础），学者才能以一种恭敬的认真态度与某种带着敬畏的尊重来面对宗教。但即使他抛弃了对宗教的反感，眼中只有它的好处，他也仍旧未能亲自接近教会与虔诚所代表的东西，甚至未能接近哪怕是一小步；甚至有可能恰好相反，他离得更远了。他出生并成长于一个实际上对宗教问题漠不关心的环境里，从总体上说，这种对于宗教的漠视在他心中被升华成了谨慎与一种洁癖，从而使他避免与宗教上的人或事情发生关系；也许正是他那深厚的宽容与仁慈，迫使他避开宽容中所牵涉的细微痛苦。

每个时代都有属于它自己的神圣的天真行为，这种天真行为所创造出来的东西也许会令其他的时代感到羡慕——学者深信自己高人一等，深信自己的宽容天经地义，深信那毫无疑问的确定性，带着这种想法，他本能地将宗教人士看成低等人和下等人，而他自己则超出他们一截，把他们甩在身后，丢在下方；学者的这种想法是多么的天真，是一种多么可敬的、孩子气的、笨拙透顶的天真——他，这个专横的小侏儒和贱民，这个勤奋而敏捷的劳心者与劳力者，正苦心钻研着“思想”，而且是“现代思想”！

59

任何曾经深入观察过世界的人，也许都会猜测人类的肤浅看法中究竟包含着多少智慧。使人类得以维持自身的那种本能教导他们要轻浮、虚伪、不要沉重。人们在各处都可以见到，哲学家与艺术家对“纯形式”怀有一种热情洋溢的、极其夸张的崇拜：不用怀疑，任何对表面之物的崇拜到达了如此地步的人，总有一天会掉到表面之下，得到灾难性的后果。

这些被烧伤的孩子，这些天生的艺术家，只能从歪曲生活形象（仿佛要对生活进行漫长的报复）之中找到生活的乐趣；但有可能，他们之中甚至也存在着等级之分：从他们有多么希望歪曲、弄细、理想化与神化生活的形象，就可以推断出，对他们而言生活被毁坏到了什么地步——笃信宗教的人也许可以被归入艺术家一类，而且是最高级的那种。

一种难以治愈的悲观主义所带有的深邃的、多疑的恐惧，使得人们数千年来毫无进取心，并坚持对于万物作宗教上的阐释：在人们变得足够强大、足够坚强、足够狡猾之前，他们从本能上害怕会太早掌握真理。

虔诚，从“上帝之生命”这一观点来看，似乎是对真理之恐惧的最终结果，也是其最狡猾的后代，就像一个艺术家在最为天衣无缝的赝品前心生崇拜并陶醉其中，就像那种一心想要颠倒真相、不惜任何代价也要追求谎言的意愿。可能直到今天，人们借以美化自身的方法中，最有效的莫过于标榜自己的虔诚：这样就可以把人变得如此狡诈、如此浅薄、如此有光彩、如此仁慈，以至于他的样子不再让人讨厌。

60

为了上帝而爱人类——这是人类迄今所获得的最高贵、最遥远的感情。如果没有一种隐秘的意图使其神圣化，对人类的爱就只不过是另一种愚蠢与粗俗的行为；这种爱人类的倾向必须从一些更高级的倾向中获得其评价标准、奥妙、精华以及原材料——无论是谁，只要他感受并“经历”了这点，不论他在表达这种微妙思想时是多么的吞吞吐吐、口齿不清，在我们看来，他永远都是神圣而值得尊敬的，迄今他飞得最高，并以一种最美丽的方式步入迷途！

61

哲学家，按照我们这些自由精神的理解——是负有最为广泛的责任的人，对人类的所有发展负有良心上的责任——这种哲学家将会利用宗教来进行他的培养与教育计划，就像他利用身边的任何政治和经济情况一样。那借助宗教而产生的有选择力和教育能力的影响，这些影响一直以来既在破坏，又在创造与塑造，它们对于受其迷惑与保护的各类人而言，将永远是多样的、彼此不同的影响。有些天生注定、而且已经准备好了要发号施令的坚强而独立的人，他们具有统治者的判断力与才能，宗教只是他们用来征服反抗、维持统治的另一种手段——作为一种连接统治者与臣民的纽带，并将后者隐藏得最深的、最隐私的、想要躲避服从的良心暴露、传达给前者。如果这种贵族后裔中的少数人有着更高的灵性，更喜欢孤独的、敛心默祷的生活，因而只为自己保留一种最精巧的统治（通过从某一阶层中选择出来的亲信与密友来实现其统治），那么宗教甚至能够被当作一种从野蛮统治之嘈杂声中获得安宁的手段，一种从一切政治所需之污秽中获取洁净的手段。举个例子，婆罗门[①]就是这样理解事物的：通过一个宗教组织，他们赋予了自己为民众指定国王的权力，而他们自己则无论在现实中还是在情感上都置身事外，成为一群负有更高级的、超越王权的使命的人。

与此同时，宗教也指导了某些被统治者，给了他们机会，使他

① 古代印度种姓制度中最高的一级，负责执掌宗教仪式和学习及教授《吠陀经》。

们为未来的统治与被统治做好准备：那些正在缓慢向上爬的阶层——由于幸运的婚姻习俗，这些人心中那想要自制的意志，这一意志的力量与乐趣，正在不断地成长——从宗教那里获得了足够的动力与诱惑，使得他们走上了通向更高灵性之路，并去体验伟大的自我征服的感觉，以及沉默与孤独之感。对于一个来自于下层社会、但却希望征服下层社会而成为未来的统治者的人群来说，禁欲主义和清教思想几乎是一个能够教育他们并使他们变得高贵的不可缺少的手段。

最后，对于普通人——那些生来就为了被人雇佣以及辛勤劳作的广大群众，他们活着就为了这些——宗教使得他们对自己的境遇与地位感到非常满足，在各种情况下内心都能保持平静，以服从为荣，并加深他们的博爱与同情之心，同时又把他们美化与理想化，还让他们觉得自己的灵魂原本就应该平庸、卑下，无可非议地处于一种半开化的贫瘠状态。宗教和宗教意义把太阳的光辉散播在这些终年劳作的人们身上，使得他们能够忍受自己现在的样子。宗教的作用与伊壁鸠鲁哲学对于更高等的受难者的作用相同：那就是使人振作精神，心灵得到净化，因而就这样充分利用了苦难，最终甚至使其神圣化，变成了理所应当的东西。也许基督教或佛教中最让人尊敬的东西就是它们的教学艺术，它们甚至能教导那些地位最卑下的人如何通过虔诚信教来把自己置于幻想中的更高级地位，以此来让他们继续安于现状，而在现实中他们生活得十分艰难——正好，这种艰难是必不可少的！

62

最后，可以肯定——为了展示关于这些宗教的记录的另一面，也为了暴露它们那暗藏着的危险性——当宗教不愿意成为哲学家手中的一种教育与培养的手段，而坚持拥有自己至高无上的地位的时候，当宗教自己想成为最终目的，而不仅仅是各种手段之一的时候，人们总是会因此而付出高昂的、可怕的代价。在人类当中，正如在所有其他动物种类当中一样，总有过多的失败者、患病者、堕落者和体弱者，他们免不了是要受苦的；人类中的成功者也永远都是例外——并且鉴于人类至今是种性质未明的动物，成功者更是罕见的例外。但更糟糕的是：越是高等的人，越是有可能没有好结果。整个人类体系中那些意外事件，那些荒谬的规则，都在以最可怕的方式对高等人产生有害的影响，这些高等人的生活状况非常复杂，只有用极大的细心并克服种种困难才能推测得到。

那么，上面提到过的那两大宗教，它们对于这些过多的没有好结果的例子又是持有怎样的态度呢？它们努力保存，并使一切可以被保存的东西得以存活下来；确实，作为苦难者的宗教，它们在原则上与这些例子站在一边；它们赞同某些人如忍受疾病一般忍受生活，而且想要证实，所有其他的生活体验都应该是虚假的、不可能的。即使这一体贴的、有保存作用的关怀（这一关怀除了针对所有其他人外，还一直都针对最高等的人，这些人至今所遭受的苦难几乎总是最多的）获得了人们最大的赞扬，总的来看，我们所拥有的这两种至高无上的宗教仍然是迄今导致“人”这一生物停留在一个较低层次的主要原因——它们保存了太多原本应当消亡的东西。我们需要感谢它们的地方太多，多到无法计算；每当我们想到，比方说，基督教的“上帝的信徒们”至今为欧洲所做的一切事情之时，我们心中就充满了无穷无尽的感激之情！可是，当它们安慰了苦难者，鼓励了受压迫者与绝望者，为需要依靠者提供了手杖与支持，以及把内心遭到重创并变得残忍的灵魂从社会中吸引到修道院与感化院之后：带着问心无愧和按原则办事的态度，它们又额外做了多少工作，为了保留所有病态的、受苦受难的东西——这的确真实地意味着，为了使欧洲这一人种更加恶化？颠倒全部价值判断——这就是它们必须做的！摧毁强者，击破伟大的梦想，对欣赏美而产生的快乐抱以怀疑，使一切高傲、雄壮、有征服力、有统治力之物以及最高等与最成功之“人”所特有的一切本能，都变成缺乏自信、良心痛苦和自我毁灭——确实，把所有俗世之爱与统治俗世的欲望都颠倒过来，变成对俗世与世俗之物的憎恨——这就是教会为自己设定的任务，并且它不得不如此，一直到它觉得“变得超脱”、“远离世俗”与“高等人”融合成了一种感情为止。

假设我们能够像伊壁鸠鲁的神那样用嘲弄、超脱的眼光来思考欧洲基督教这一出痛苦得出奇、既拙劣又精巧的喜剧，我认为我们会惊讶不已和笑个不停：这样看来岂不是，某种单一的意志已统治了欧洲十八个世纪之久——只是想要把人类领向庄严的失败？然而，无论何人，只要他着手考察欧洲基督教徒（比如，帕斯卡尔）所代表的那种人类最自愿的堕落与退化，并且，不是在伊壁鸠鲁精神里，而是在手握神圣之锤的时候感到了一种与其相反的愿望，他就肯定会怒不可遏、充满同情、恐惧不已地叫出声来：“啊！你们这些傻瓜，你们这些放肆的、可怜的傻瓜，你们都干了些什么！这是你们该做的吗？你们弄坏了我美丽的宝石，然后又胡乱地修补！真是放肆！”

我的意思是说：基督教是迄今所有傲慢自大中最具灾难性的一种。那些尚未高尚和坚强得足以有权成为塑造人类的艺术家的人；那些尚未足够强大，没有足够的远见，对数千种失败与毁灭这一重要规律不能做到熟视无睹的人（哪怕这要付出崇高的自制力）；那些尚未高贵得足以看出人与人之间迥然不同的等级之分以及等级差距的人——这些人到目前为止还在用“上帝面前众生平等”掌握着欧洲的命运，直到最终培养出了一个更加矮小，几乎是可笑的物种，一种群居动物，他们喜欢取悦、病态和平庸，这就是今天的欧洲人。

第四章　箴言与插曲

63

一个百分之百的教师仅仅是在与他的学生相关的时候才去认真对待事物——甚至是对待他自己。

64

“为了知识本身而去追求知识”——这是道德设下的最后的陷阱：在此陷阱之中我们再一次与道德纠缠在了一起。

65

如果人们在追求知识的途中不需要征服如此之多的羞愧，那么知识便没有多大的吸引力。

65a

一个人在面对他自己的神时最不诚实：他不允许有过失！

66

自我贬低，以及让自己被掠夺、被束缚、被利用的倾向，乃是人中之神所拥有的谦逊品质。

67

专爱一人乃是一种愚昧；因为这种爱会损害到其他所有人。对上帝的爱也是如此。

68

我的记忆说：“我做了那件事。”我的自负说：“我不可能会干那种事。”它们彼此互不相让。最终——还是记忆屈服了。

69

如果一个人没有看到那双充满关爱的——杀人之手，他就没有很好地观察生活。

70

如果一个人有其独特人格，他也就同时有其典型经历，这种经历总是不断重复发生。

71

像天文学家这样的贤人。——只要你还依然把星星当作“在你之上”的东西，你就缺少寻求知识的眼睛。

72

并不是高尚情感的强度而是其持久力造就了高尚的人。

73

任何到达其理想的人都会因此而超越其理想。

73a

许多孔雀藏起尾巴不让任何人看——这就被称作孔雀的骄傲。

74

一个有思想的人必须同时拥有至少另两样东西：感恩与纯洁，否则他就让人无法忍受。

75

一个人性欲的程度与种类会延伸至其精神的最终顶点。

76

在和平的环境下，好战之人便会攻击自己。

77

在本性的驱使下，一个人会想要控制自己的习惯，或者为其辩护，或尊敬、责骂、隐藏自己的习惯：两个具有相同本性的人也许会追求根本不同的东西。

78

任何鄙薄自己的人，都依然会因为自己是鄙薄者而尊敬自己。

79

一个人知道别人爱自己，但他自己却不爱别人，这就暴露了他灵魂中的渣滓：那些原本在底部的东西便浮了上来。

80

一件已经被弄清楚了的事情便不再和我们有关了。——那位神人劝告我们："了解你自己！"此时他自己头脑里想的到底是什么？他的意思是不是：“别再关心你自己了！要客观！”——变成苏格拉底？——变成“科学家”？

81

在海洋里口渴而死是很可怕的。你是否要给你的真理加上如此多的盐，以至于它甚至再也不能——给人解渴？

82

“同情所有人”——这就意味着用严酷与暴虐的方式对待你，我亲爱的邻居！

83

本能——当某人的房子着火时，他甚至会忘记吃午饭——是的，但不久以后他会坐在灰烬里补吃这顿饭。

84

女人丧失了多少魅力，她就学会了多少憎恨。

85

哪怕是同样的感情，在男人与女人心中也还是存在着节奏上的不同：因此男人和女人便永无休止地互相误解。

86

女人自己除了普遍拥有一种个人化的虚荣心以外，还有一种并非具体针对某个人的蔑视——她们蔑视“女人”。

87

被缚的心灵，自由的精神。——如果有人紧紧束缚住了自己的心灵，将其囚禁起来，那么他就能给予自己的精神许多自由：我从前曾说过这点。但人们不会相信我的，除非他们早已知道这点。

88

聪明绝顶的人在局促不安时，人们便开始对他们猜疑起来。

89

可怕的经历提出了这样一个令人迷惑的问题：拥有这一经历的人是不是也是可怕的？

90

沉重、思想沉重的人要变得轻松起来，只有通过让他人变得沉重的东西，通过恨和爱，他们才一度脸上有了表情。

91

如此冷淡，如此冰冷，以致人一接触到他就烧伤了手指！每只手在摸到他时都会大吃一惊。——正是由于这个原因，有些人就认为他是灼热的。

92

为了自己能有个好名声，谁没有曾经——牺牲过自己？

93

和蔼可亲，这其中并没有包含对他人的恨，但正因为如此，它包含了太多对他人的蔑视。

94

一个人的成熟——就在于他再次找回了孩童在玩耍时的认真劲头。

95

为自己的不道德而感到羞愧——这只是梯子上的一级，等到爬上了梯子的顶端，人就会为自己的道德而同样感到羞愧。

96

人告别生命，应当像奥德修斯[①]告别娜乌茜卡一样——更多的是祝福，而不是爱恋。

97

什么？一个伟人？我看见的一直都只有为自己理想而奋斗的演员。

98

如果我们训练自己的良心，它在亲吻我们的同时也伤害了我们。

99

那一失望的声音说："我倾听人们的反应，但除了一片赞扬之外什么也没听到——"

100

在我们自己面前，我们大家表现出的样子都比自己的真实情况更加纯朴真诚：于是朋友之间就都放松了警惕。

---

① 奥德修斯是荷马史诗《奥德赛》中的主人公，伊萨卡的国王，特洛伊战争中的希腊首领，在历经十年的漂泊后才回到家。娜乌茜卡是其在漂泊之时认识的朋友。

101

今天那个知识分子仿佛真的觉得他就是变成了动物的上帝。

102

发现爱一个人是可以得到回报的，这就会使爱慕者不再迷恋自己所爱的人。“什么？这个人有那么屈尊降贵，竟然会爱上你？或是有那么蠢？或是——或是——”

103

幸福中所隐藏的危险。——“现在对我来说所有的事情都很美好，我现在热爱每一种命运——谁愿意像我的命运一样？”

104

并不是因为他们爱人类，而是他们不能够爱人类，今天的基督教徒们才不至于——烧死我们。

105

神圣的谎言比邪恶的谎言更加违背那“虔诚地追求知识”的自由精神之人的品位（“虔诚”的信仰）。因而，他非常不能理解教会，这就是“自由精神”的一个典型特征——是其不自由的表现。

106

在音乐中，激情得以充分展示自己。

107

一旦决定已经作出，就对反对意见充耳不闻，哪怕是最有道理的反对意见：此即性格坚强的标志。因而也是某种一时间非要做蠢事不可的意愿。

108

根本就没有道德现象，只有对那些现象的道德阐释……

109

罪犯在通常情况下都不等于他所犯下的罪行：他总是设法减轻其罪行，并为自己的所作所为撒谎开脱。

110

律师在为一个罪犯辩护时很少能有足够的才能，可以把其罪行中那美丽的骇人之处变得对其有利。

111

虽然我们的骄傲经常受到伤害，但我们的虚荣却最难以受伤。

112

那些觉得自己注定是去观察，而不是去信仰的人，会发现所有的信徒都太吵闹、太鲁莽：他们都避而远之。

113

“你想让他对你产生好感吗？那么你就要在他面前假装显得局促不安——”

114

对于性爱的热烈期盼，以及这种期盼中所包含的羞耻心理，这些都从一开始就歪曲了对于女人的所有看法。

115

当女人的游戏里既没有爱也没有恨时，这一游戏便是索然无味的。

116

当我们有勇气重新把我们的恶看作是我们内心之至善的时候，我们生命中伟大的新纪元就到来了。

117

那想要征服一种感情的意志，从根本上只是另一种或几种感情的意志。

118

羡慕之中包含着一种单纯；只有那些从未被人羡慕过的人才会希望有一天自己也会被别人所羡慕。

119

我们厌恶肮脏到了如此地步，以至于都忘了把我们自己弄干净——忘了为我们自己“辩护”。

120

肉欲通常催促爱情加速生长，生长得如此之快，以至于其根部依然不牢固，很容易被拔起。

121

在上帝想当作家的时候，他不知何故竟去学习希腊文——只是没有学得更好一些。

122

享受赞扬，在有些人看来仅仅是心灵的一种礼节——与精神空虚恰好相反。

123

连非法同居也被败坏了——被婚姻败坏的。

124

任何人若是在火刑柱上还感到欣喜，不是因为他战胜了痛苦，而是因为感到没有像他预料中的那样痛苦。一个寓言。

125

当我们必须改变对某人的看法时，我们牢牢记住了他给我们带来的不便之处，把这些都算在了他身上。

126

一个民族是自然形成的一段弯路，为了到达六七个伟人那里。——是的，然后就回避他们。

127

科学冒犯了所有真正的女人的羞耻心理。它让她们感觉到仿佛有人想要窥探她们皮肤以下——更有甚者，她们的外套与服饰以下的东西。

128

你想要教导的真理越抽象，你就越是要把更多的感觉引入其中。

129

魔鬼观察上帝的角度最为宽广；因此他与上帝保持了如此之远的距离——魔鬼是最古老的智慧之友。

130

一个人是怎样的人，当他的才华走下坡路的时候便开始暴露了出来——当他不再能够展示他能做什么的时候。才华也是一种装饰；装饰亦是一个藏身之所。

131

男女两性都在关于对方的问题上欺骗自己——因为实际上他们所尊敬的和所爱的都只是他们自己（或者说得好听些，都只是他们自己的理想）。因而男人喜欢女人安静一些——但女人本质上就是不安静的，就像一只猫，不论她在外表上假装安静得多么好。

132

人因其美德而受到最严厉的惩罚。

133

一个不知道如何去实现其理想的人，要比那些没有理想的人生活得更没有意义，更厚颜无耻。

134

真理所有的可信度、所有的坦然心境、所有的证据，都只来自感官。

135

注重表面形式并不是一个好人的堕落：非常注重表面形式，反而是做好人的先决条件。

136

一个人为自己的思想寻找接生员，而另一个人对他而言可以成为接生员：这就是一个好的对话的开始。

137

与学者和艺术家交往的时候，我们很容易作出完全相反的错误判断：在一个杰出的学者背后，人们通常发现是一个平庸的人，在一个平庸的艺术家背后，却往往——是个非常杰出的人。

138

我们醒着的时候，会做与睡梦中同样的事情：我们捏造与虚构出我们与之交往的人——然后立刻将他忘掉。

139

在复仇与恋爱中，女人比男人更加野蛮。

140

谜一般的规则——“如果捆绑的绳索不会断裂——那就先用牙齿咬它。”

141

人的肚子要吃东西，这就是为什么人不容易把自己当作神。

142

我所听到过的最纯洁的话：“真正的爱情中，灵魂裹住肉体。”

143

我们的虚荣心希望把我们最擅长的事情看作是对我们来说最困难的事情。许多道德的起源。

144

一个女人喜欢做学问的时候，通常都是她的性能力方面有了毛病。不育症本身会使一个人的趣味有某种男性化的倾向；因为男人是“不育的动物”，如果我可以这样说的话。

145

把男人和女人在大体上比较一番后，有人会说：如果女人没有当次要角色的本能，她们就不会有装扮的天赋。

146

与怪物搏斗的人要当心，在搏斗过程中，不要让自己也变成了怪物。你长时间观察深渊的时候，深渊也在观察你。

147

摘自古老的佛罗伦萨小说；同样——也来自生活：“无论是好女人还是坏女人都想要被戳一下。”萨凯蒂[①]，1886 年 11 月。

148

诱使邻居对自己有个好看法，事后自己对此看法又深信不疑——在玩这种诡计上，谁又比得上女人？

149

一个时代认为是恶的东西，只不过是不合时宜地仿效前一个时代那些被认为是善的东西——重现一种更加古老的理想。

150

在英雄周围，一切都变成了悲剧；在半神半人周围，一切都变成了一出萨梯剧；在上帝周围，一切——什么？也许变成了“世界”？

---

① 萨凯蒂（1335～1400 年），意大利作家。

151

一个人有才能是不够的：他还要得到你们的允许，才可有此才能——是吧，我的朋友们？

152

“知识之树所在之处，永远都是天堂之所在”：最古老和最年轻的毒蛇都如是说。

153

出于爱而所做的事，永远都超越了善与恶。

154

反对、离题、快乐的猜疑、嘲讽之乐，这些都是健康的标志：一切绝对之物都属于有病的范畴。

155

悲剧意识随着感官敏感程度而增减。

156

疯狂很少发生在个体身上——但在群体、党派、国家和时代身上，却经常发生。

157

自杀的想法是一种强大的安慰：它帮助一个人度过了许多个可怕的夜晚。

158

不仅仅是我们的理性，我们的良心也要向我们那最强烈的冲动低头，我们内心的这个暴君。

159

人们必须报答善行，惩罚恶行——但为什么一定要报答善者，惩罚恶人呢?

160

一个人将自己的见解表达出来以后，就不再那么喜欢自己的见解了。

161

诗人无耻地对待自己的经历：他利用自己的经历。

162

“我们的邻居——不是我们的邻居，而是我们邻居的邻居”——每一个人都如此认为。

163

爱将有情人身上隐藏着的高贵品质暴露了出来——他身上少见的、不寻常的好品质；因而相对于他的一般情况，这种好品质更容易为人所误解。

164

耶稣对他的犹太人说：“律法是为仆人而设立的——像我这样爱上帝吧，作为他的儿子！对于我们这些上帝之子来说，道德又算什么！”

165

对于一切政党来说。——牧羊人总是需要一只系着铃铛的领头公羊——否则他自己有时候就必须成为一只领头羊。

166

嘴巴即使说的是谎话，它那副说谎的样子也还是道出了实情。

167

在坚强的男人看来，男女之间的亲密行为是可耻的——然而又是宝贵的。

168

基督教给了爱神伊洛斯一杯毒药：他喝下之后并没有死，而是堕落成了一种罪恶。

169

不停地谈论自己，这也是隐藏自己的一种方法。

170

赞扬比责备更加带有强迫性。

171

对于一心追求知识的人来说，同情几乎是可笑的，就像体贴的双手对于独眼巨人一样。

172

出于对人类的爱，一个人偶尔会随便拥抱某人（因为他不能拥抱所有人）：但他不能把这告诉被拥抱者……

173

一个人不会憎恨自己所鄙视的人，而只会憎恨那些他认为和自己相等或者高于自己的人。

174

你们这些功利主义者，你们也只是喜欢有用的东西，比如一辆合你们胃口的车；但你们也真的觉得其车轮的噪音不可忍受？

175

最后，人喜欢的是自己的渴望，而不是渴望得到的东西。

176

他人的虚荣心只有在冒犯了我们自己的虚荣心的时候，才会令我们感到不快。

177

也许至今为止还没有人在什么是“诚实”这一问题上表现得足够诚实。

178

人们不相信聪明人会做傻事：真是剥夺了人权！

179

我们的行为所导致的后果牢牢控制了我们，而丝毫不顾我们声称在此期间我们已“取得了进步”。

180

说谎是无辜的，因为它是对一种理想坚信不疑的标志。

181

在一个人遭受咒骂之处为他祝福，是没有人性的行为。

182

与上级保持亲密关系是使人痛苦的，因为这可能得不到回报。

183

“并不是你对我说谎，而是我不再相信你——因而使我哆嗦不已”。

184

亲切态度中所包含的热烈情感，看起来像是不怀好意。

185

“我不喜欢他。”——为什么？——“我不如他。”——有人这样回答过吗？

第五章　道德的自然史

186

当今欧洲的道德情感是如此优雅、古老、多样、敏感而精细，正如与之相关的“道德科学”依然年轻、粗糙、笨拙而且丢三落四。这种引人注意的对照有时甚至体现于道德家个人身上。而“道德科学”一词相对于它所指代的研究对象而言，显得过于傲慢，冒犯了高尚的品位；后者往往倾向于更谦逊的表达。

人们应该明确地承认，要为建立一门关于道德的类型学做好准备，在长期内必须做什么，到目前为止应当做什么。这些包括：收集材料、培养对价值及其差异的细腻感知，并形成概念——这些感知是活的，不断生长、繁殖和消亡。或许人们可以力求生动地展现这些活生生的感知更平常和反复出现的形式。

毫无疑问，迄今为止人们都未如此谦虚。我们所有的哲学家一旦接触道德研究，便都摆出一副令人发笑的僵硬的严肃神情，企望获得高高在上、自以为是和无比庄重的成果：他们想为道德提供理性的基础——而到目前为止，每个哲学家都坚信他已经做到了这一点。然而，道德本身就被认为是“附加的”。与哲学家们愚笨的骄傲遥遥相对的，是他们对描述这一工作的藐视和遗忘，尽管最敏感的手指和感知也不一定能承担起这一任务！

我们的道德哲学家们从未正视道德的真正问题，因为一方面他们从一些武断的选粹或偶然碰到的摘要中只大略地了解关于道德的事实——例如，他们所处特定环境、阶级、宗教、时代精神、气候和地理位置所形成的道德，另一方面他们信息闭塞，甚至对不同民族、时代和过去的年代丝毫不感兴趣；而道德的真正问题只有在对比各种不同的道德时才会浮现。所有“道德科学”迄今都忽略了一个问题——尽管听起来有些怪异——道德问题本身；人们从未想过这也是个问题。哲学家们为之努力的所谓“道德的理性基础”，以正确的眼光来看，只不过是对流行道德之信仰的学术化变体；一种表达这种信仰的新手段；因此仅仅是某种特定道德中的又一个事实而已；归根结底，是对怀疑这种道德的否定——这种否定排除了对这一信仰的任何考察、分析、质疑和剖析。

我们不妨听听叔本华是怎样怀着令人肃然起敬的天真来描述他的工作的，然后你就可以对“道德科学”的科学性得出自己的结论，这门科学的最了不起的大师们说话多么像小孩和老妇一样无知。他说：“‘不要伤害任何人，相反，你要尽你所能去帮助所有人，’这是所有道德哲学家实际上都认同的原则和基本命题。正是为了这一命题，所有道德家都努力为道德寻找理性基础……这一命题才是道德的真正基石，人们为之求索了几千年，如同寻找点金石（philosopher's stone）。”《道德的基本问题》

为这一命题找出一个理性基础也许很难；众所周知，叔本华就没能成功。任何人，只要他曾深切感受到，在这个本质为权力意志的世界上，这一命题是多么无趣、虚伪和做作，便可以提醒他，尽管叔本华是个悲观主义者，可每天晚饭后他都吹笛子——这在他的传记中有记载。顺便说一句，一个悲观主义者，上帝和世界者的否定，却在道德面前驻足不前——他肯定道德，而且为“不要伤害任何人”的道德吹笛子——怎么可能？如果这样的话，那他还是——悲观主义者吗？

187

有人声称：“我们心中都有一个不容置疑的声音在命令我们。”撇开此类说法的价值不谈，人们可以思忖：从这句话可以看出说话者是个什么样的人呢？有些道德是用来为其制定者说话的，有些是为了让他镇定自若、自我陶醉的；有些他用来折磨自己、使自己谦卑，有些他用来实施报复，有些他用来掩盖自己，而有些他用来美化自我，使自己高高在上；某一种道德被其制定者用来遗忘，另一种道德是为了使其制定者或与他相关之事被遗忘；有些道德家是为了对他人行使权力和把他们的奇思怪想强加于人，而其他道德家，也许包括康德在内，用他们的道德暗示：“我令人尊敬之处就在于我能严守道德，你们也应该和我一样严守！”——简而言之，各种各样的道德只不过是不同情感的手语而已。

188

每一种道德，相对于“放任”而言，都是对“自然”乃至“理性”的专制，但这本身不足以反对道德，因为我们找不到一种道德能禁止专制和不理性。道德的本质和宝贵之处，在于它具有长期的强制性：要想理解斯多葛主义、波尔罗亚尔女修道院或清教主义，人们不妨想想语言在押韵和节奏的强制下迄今所获得的力量和自由。

想想各民族的诗人和演说家费了多大工夫——甚至包括一些当今的散文作家，他们耳边总回响着要他们一丝不苟、认真做事的命令——他们得像感觉良好的功利主义傻子那样说：是“为了某种愚蠢行为”——或像自以为“自由”甚至“具有自由精神”的无政府主义者那样说：是“卑微地屈从于反复无常的规范”。然而，令人奇怪的是，一切自由、微妙、勇敢、舞蹈、熟练的技能——无论是现存或一直存在的，不管是在头脑或现实中，还是在修辞或劝说中——正如道德一样，这些艺术正因为“反复无常的规范的专制”才得以发展；而且严格说来，很可能这就是“自然”和“自然的”——而不是那种“放任”！

每一个艺术家都知道，他“最自然的”状态——在“灵感”突现时随意排序、摆放、布置和添加——与自我放任的感觉相距多远；而他当时又是如何严格、细致地遵守成千上万条规范——这些规范正因其严肃性、坚定性，无法用公式化的概念来加以表述（与规范相比，即使最固定的概念，也不免变得摇摆不定、复杂多义和模糊不清起来）。

再说一遍，“不管是天上还是人间”，其本质似乎是，在长期内朝着一个方向做到俯首顺从：鉴于这一点，总会有某种东西得到发展，而且因为这东西而活在人世是值得的；例如，为美德、绘画、音乐、舞蹈、理性、灵性而活，为某种能使人变得崇高、微妙、疯狂、神圣的东西而活。精神长期被禁锢，思想交流遭怀疑和限制，思想者迫使自己按教会、王室或亚里士多德预设所给定的方向去思考，长久以来坚定地以基督教模式来阐释所有事件和从每个意外事件中重新挖掘和维护基督教的上帝——无论多么无奈、反复无常、艰难、可怕和反理性，这一切却证明，正是有了它们，欧洲精神经过训练才获得了力量、好奇心的驱动和微妙的灵活性；虽然不得不承认，在这一过程中，另一股无法替代的力量和精神被压碎、窒息和毁灭（在此，正如在任何其他地方，“自然”展示出它本来的面目，无动于衷地挥霍着它的壮丽，惹人恼怒，但又高贵无比）。

几千年来，欧洲思想家仅仅为了证明而思考——相反，如今我们怀疑每一个“试图证明”的思想家——结论原本应是他们最严密思索的结果，却往往在一开始就确定了，就像古代亚洲的占星术那样，或像今天无伤大雅的基督教道德为了“上帝的荣耀”和“灵魂得救”来阐释我们最私密的个人体验那样——这种专制、反复无常、严厉而堂皇的愚蠢，一直以来教导着人类精神。无论取其粗俗抑或文雅之义，奴隶制如其所显现的那般，也是精神教育和训练不可或缺的手段。考察任一种道德时都要想到：道德中所谓的“自然”教导仇恨“放任”和任何太大的自由，灌输寻求局限的视野和完成眼前的任务——倡导“狭隘的视角”，因而从某种意义上说是，倡导愚蠢作为生活和发展的状态。

“你要长期服从某人，否则你将消亡，并丧失最后的一点自尊”——在我看来，这就是自然的道德命令，毫无疑问，既不像老康德希望的那样是“绝对的”（所以才有“否则”之后的第二种选择），也不是说给单个人听的（个人与自然何干！），而是说给各民族、种族、时代和阶级的——首先是说给整个动物“人类”，说给全人类听的。

189

勤劳的民族难以忍受闲暇：英吉利式的本能使英国人严守安息日，以至于他们太无聊、并开始下意识地怀念工作日。安息日是巧妙地发明出来、巧妙地安插进来的斋戒，在古代世界，类似的事屡见不鲜（虽然就南方民族而言，并非与工作有关）。各种各样的斋戒是必要的；每当强大的冲动和习惯盛行时，立法者就得插手，确保插入一些日子，以压制这种冲动并使之饥饿。从高处来看，那些感染了道德狂热的年代，看起来像是受压制和行斋戒的年代；其间，冲动学着屈服和顺从，同时净化和强化自我。对某些哲学流派也可以做这样的解释（例如，在古希腊文化的情欲氛围之中，斯多葛派也带上了性色彩）。

这也为解释如下悖论提供了线索：为什么正是在欧洲基督教势力最强大之时，而且唯独在基督教价值评判体系的压力之下，性冲动升华为爱情。

190

也许可以这么说，除了柏拉图自己的东西以外，柏拉图道德中还有一些东西并非真的属于柏拉图，而只是出现在他的哲学中：即苏格拉底哲学，但对于这种哲学而言，柏拉图太高贵了。“没有人想伤害自己，因此，所有罪恶都是不知不觉犯下的。因为恶人会伤害到他们自己：如果他们知道那是罪恶，就不会作恶了。所以，恶人之为恶人仅仅是犯了一个错误；如果有人能移除这个错误，就会使恶人转恶为善。”

这种论断散发着下层民众的气味，民众只看到恶行令人不愉快的结果，从而做出评判：“干坏事是愚蠢的”，而“善”则被简单地等同于“有用和令人愉快”。从每种功利主义道德中，人们都可以马上推出相同的起源，并笔直走下去，很少会出错。

柏拉图千方百计从他老师的命题中——首先是他自己的命题——读出点高雅和高贵的东西。他是苏格拉底所有阐释者中最大胆创新的一位，他从苏格拉底哲学中取其所需，正如有人从街头听到一首受欢迎的曲调和民歌，就用无穷无尽、令人难以置信的变体展示它，即让其改头换面，富于多样性。学荷马开个玩笑：如果不是首尾柏拉图、中间吐火兽，那柏拉图式的苏格拉底究竟是什么呢？

191

“信仰”和“知识”这一古老的神学难题——或者说得更清楚一点，本能和理性的难题——即就事物的评价而言，本能是否应比理性享有更多的权威；理性要求我们按原因和问个“为什么”来评判和行事，即要看便利和效用。这一古老的道德问题首先浮现于苏格拉底脑海中，并且早在基督教之前就把思考着的人们分为了两派。毫无疑问，苏格拉底本人作为一位出众的辩证家，凭其天赋和品位，最初站在了理性一边；然而，事实上，终其一生，他又做了些什么呢？除了嘲笑高贵的雅典人的笨拙和无能；雅典人像所有高贵之人一样，做事凭本能，从来都不能为其行为的原因说出个究竟。不过，后来他私下里也嘲笑自己：他敏感的灵魂和自我反省使他发现，他面临和雅典人一样的困难和无能。他鼓励自己，难道就因为这个原因而放弃本能吗？人们必须注意，使本能和理性都获得应有的地位——人们必须听从本能，但同时要辅之以理性。这就是这位伟大而神秘的讽刺家的真正虚伪之处；他使自己的良心满足于一种自我欺骗：实际上，他已看透道德评判中的非理性元素。

柏拉图在此类话题上更天真，不像他的平民导师那样精明；他把所有的力量——任何哲学家迄今能付出的最大力量——都用来向自己证明，理性和本能自发地导向一个目标，即善，“上帝”。柏拉图以来，所有的神学家和哲学家都遵循着这一路线，即在道德问题上，到目前为止胜者一直是本能，或者基督徒所谓的“信仰”，或者我所谓的“民众”。也许理性主义之父（因此也是大革命之祖）笛卡尔是个例外，他认为理性才是权威：但理性只是一个工具，而笛卡尔很肤浅。

192

任何人只要研究一下某一门科学的发展史，都能从中找到一条线索，这有利于理解获得所有“知识和认识”的最古老和最常见的过程。不管在哪一领域，最先发展起来的总是轻率的假说、虚构、善良而愚蠢的“信仰”意志，以及怀疑和耐心的缺乏；我们的感官发展较迟，而且从未成为敏感、忠实和谨慎的认识器官。对特定的事物，我们的眼睛易于产生已经产生过的图像，而不能捕捉某一印象中的变化和新奇之处；后者需要运用更大的力量，更多的“道德”。耳朵听任何新的东西，也很困难和费力；我们听不惯外国音乐。听外语时，我们不自觉地力图把听到的声音变成听起来更熟悉和亲切的词语：例如，德国人听到 arcubalista 就把它变成了 Armbrust（弩）。我们的感官对新事物充满恐惧和不情愿，甚至在“最简单的”知觉过程中，也是各种情感主导着一切，譬如害怕、喜爱、憎恨、乃至消极的懒惰。

现在人们读一页书时，只读尽可能少的单词（更不用说音节了）：他从二十个词里随意挑出五个，然后“猜测”这五个词可能的意思。我们很少精确、全面地观察一棵树，指出它的叶、枝、色和形；随便想出一棵树的大概要容易得多。甚至在最奇特的经历中，我们依然如此：整理出这次经历的主要部分，然后情不自禁地想出点缘由。所有这些意味着：源于我们固有的本性，自古以来，我们都“习惯于撒谎”。或者说得更文雅和矫饰一点，总之，更好听一点，就是：人们比他们所意识到的更像艺术家。

在热烈的交谈中，我常常看到对方的面部表情与他所表达的思想、或我认为他头脑里想的东西保持清晰而精确的一致，以至于这种清晰程度远远超出了我的视觉能力：所以那些肌肉的细微活动和眼神一定是我想象出来的。也许他完全是另一副表情，或根本没有表情。

193

白天发生的事，会出现在夜晚的梦里，反之亦然。我们在梦中的经历——如果经常梦到相同的经历——最后会像“实际”经历的事一样变成我们灵魂的一部分：依每个人的情况，我们因此变得更富有或贫乏，最后甚至在大白天和最清醒、最兴高采烈的时刻受我们梦中的习惯的影响。

比方说，有个人在梦里经常飞行，最后，每当做梦，他都能感到具有这种能力和技术，好像这是他的特权，也是他独特和引人羡慕的幸福。他相信自己稍微动一下念头，就能完成任何弧度和角度的飞行；他深知这一神性的举动的感觉，不费力气、不受约束就可以“向上”，不用屈尊和蒙羞就可以“向下”——甚至没有重力！一个拥有这般梦中经历和习惯的人岂能不发现在他醒着的生活里，“幸福”一词有着不同的色彩和定义？他又岂能不——渴望不同的幸福？在他看来，诗人所描绘的“上升”，与他的“飞行”相比，太世俗、太费力、太被动，也太“沉重”了。

194

人与人之间的不同，不仅体现在他们列出来的想要的不同东西上——事实上，他们对什么东西值得为之努力、什么东西更有价值、什么东西更有档次，都有不同的看法——更体现在他们认为什么是实际上“拥有”和“占有”一样好东西上。

例如，就女人而言，较为节制的男人认为，利用她们的肉体获得性满足，这就充分、满意地标志着“拥有”和“占有”。另一种男人渴望占有，疑心更重，要求更高；从前者所谓的“拥有”中看到了“问号”和虚幻性，想进行更细微的测验，而首先要弄清楚的是，女人是否不仅把自己奉献给他，而且因为他而放弃了她所拥有的和希望拥有的：在他看来，只有这时，女人才是他所“占有”的。然而，第三种男人的怀疑永无止境，在做了以上的检测后还嫌不够：他自问，当女人为他放弃一切的时候，她是否可能是为他的一个幻影而这样做的。他希望女人在爱上他之前非常深入地了解他；他敢于让女人探索他。只有当他心爱的人对他不再存任何幻想，既爱其善良、耐心和高尚精神，又爱其罪恶和贪婪时，他才会感到他完全占有她。

有些人想占有一个民族——卡里欧斯特罗①和凯蒂林②所有较高明的手法都可以用来为他们服务。另一些人渴望占有，但心理更细微，他们自言自语："人想占有之处，不应行骗。"一想到有人只要冒充他就可以控制人们的心，他就恼火、不耐烦："所以，我得让别人了解我，而首先我得了解我自己！"

人们经常发现乐善好施的人们用拙劣的伎俩先是诊断出一个人需要帮助——好像他"应该得到"帮助、正需要他们的帮助，并将对他们的帮助表示深深的感激，忠诚而恭顺。抱着这些幻想，他们像对待财产一样控制穷人，他们的乐善好施是出于对财产的渴望。当他们想帮忙时，如果有人阻挠或抢先，他们会忌妒无比。

父母总是不自觉地将孩子塑造成与自己相似的人，他们称之为"教育"。没有哪位母亲会在内心深处怀疑她生的孩子是自己的财产，也没有哪位父亲会质疑自己让孩子顺从其观念和价值标准的权力。确实如此，从前父亲有权决定新生婴儿的生死（例如在古代日耳曼人中间）。而且，像父亲一样，直到今天，老师、班级、牧师和君主，在每个新来的人身上，也都看到了拥有一件新财物的机会。所以才有了如下这些……

---

① 卡里欧斯特罗（1743～1795年），意大利冒险家，闻名欧洲的魔术师和炼金术士。

② 凯蒂林（公元前108～前62年），罗马政治家和阴谋家，在西塞罗执政时期领导了颠覆罗马共和国的反叛运动，最后以失败告终。

195

塔西佗[①]和整个古代世界称犹太人为“生而为奴”的民族，但他们自己声称并坚信是“上帝的选民”。犹太人完成了颠覆价值观念的奇迹般壮举，由此，近两千年来，生活获得了一种危险的新魅力：他们的先知把“富有”、“不敬神”、“邪恶”、“暴力”和“肉欲”视为一体，首次使“现世”一词带上贬义。犹太民族的意义就在于价值观念的颠覆（包括使“贫穷”一词等同于“神圣”和“朋友”）：他们标志着道德领域奴隶起义的开端。

196

据推测，在太阳附近有无数黑暗的天体，而我们不可能看到它们。对我们来说，这是一个比喻；而道德心理学家把所有关于星辰的文字读作比喻和符号语言，借此掩盖很多事情。

197

我们完全误解了食肉的野兽和嗜血的人（例如，切撒雷·博尔吉亚[②]），我们误解了“自然”。我们仍然想从这些最健康的热带怪兽和

① 塔西佗（约公元55～120年），古罗马历史学家。

② 切撒雷·博尔吉亚（1476～1507年），教皇亚历山大六世之子，醉心于权力，以残忍、不择手段著称。

产物中找出点“病态的”东西，或者被认为与生俱来的“地狱”特质；这正是几乎所有道德家迄今为止所做的事。道德家是不是憎恨原始森林和热带地区？“热带人”是不是非得被贬为病态和堕落的人，或者自己是自己的地狱、自己折磨自己？为什么要这样做呢？是为了偏袒“温带地区”，温带人，偏袒那些“有道德”的人，平庸的人吗？——这些可以另写一章“胆小的道德”。

198

所有针对个人“幸福”的道德，不过是个人处于不同“危险”时的行为参考；是他抑制热情、纠正好的和坏的倾向的妙方，以防他获得权力意志、想要扮演暴君；是从古老秘方和老妇人智慧的角落里散发出来的谨慎和机智。它们的形式都怪诞而荒唐——因为它们针对“一切”发表议论，因为它们在不该一般化的地方一般化：它们都无条件地开口发言，把自己视为无条件的；它们都让人半信半疑，而且只有当放入过多香料，散发出危险、尤其是“来世”的气味时才是可以忍受的，才具有诱惑力。从智力来讲，它们没什么价值，也绝不是“科学”，更算不上“智慧”，但再说一遍，而且要再说三遍，它们是谨慎、谨慎、谨慎，掺杂着愚蠢、愚蠢、愚蠢——无论是像斯多葛主义者建议和实行的那样，对热烈和荒唐的感情采取不关心和冷漠的态度；还是像斯宾诺莎天真地倡导的那样，不再哭，不再笑，通过分析和剖析瓦解感情；或者像亚里士多德的道德学说所鼓吹的那样，把感情降低到无害的适当程度，使感情得到满足；甚至把道德视为感情的愉悦，通过艺术的象征性达到轻盈和超凡脱俗的境界，或表现为音乐，或表现为对上帝的热爱和因为上帝对人类的热爱——因为在宗教中，热情只要是——就能再次享有公民权；最后，甚至是像哈菲兹[1]和歌德所教导的那样，随和而顽皮地对感情投降，大胆地扔掉缰绳、扔掉精神和肉体的“道德许可证”，因为对富有智慧的怪老头和酒鬼来说，放纵感情“已不再那么危险”。这也可以写入“胆小的道德”一章。

199

一直以来，人和人群（氏族、团体、部落、民族、国家、教会）是同时存在的，而且总是多数人服从、少数人下命令——鉴于在人们中间迄今训练和培养得最好和最久的莫过于“服从”——完全可以这样设想，服从是人们天生的需要，正如“正式的良心”所要求的：“汝应当无条件地做某事，无条件地不做某事，”简而言之，是“汝应当”。这种需要寻求自我满足和自我充实。因其力量、急躁和紧张，它粗大的胃口不加选择地抓住事情不放，而且接受下命令者——父母、老师、法律、阶级偏见和舆论——对它的任何叫喊。

人类演化的局限性令人奇怪，它迟疑不定，耗时颇长，时常折回，原地转圈。这归根于人们原封未动地继承了服从这一群居本能，甚至不惜以命令的艺术为代价。试想，这种本能发展到极致，那么下命令者和独立的人将最终消失殆尽；或者他们将私底下忍受良心的折磨，而且需要自我欺骗，然后才能下命令——好像他们也只是在服

---

① 哈菲兹（1320～1389年），著名波斯抒情诗人，嗜酒。

从。事实上，当今的欧洲就存在这种现象：我称之为下命令者的虚伪道德。他们找不出更好的方式来保护自己，以不受良心的谴责，于是装成是更古老或更高等的命令（祖先、宪法、正义、法律、甚至上帝的命令）的实施者，或者甚至借用民众思维方式的熟语，以“人民的头等公仆”或“公共福利的工具”自居。

另一方面，当今欧洲的群居者摆出一副唯我独尊的模样，对自己的品质大加赞颂，其中包括公益心、仁慈、深思熟虑、勤劳、节制、谦虚、宽容和富于同情心。这些品质使他驯服、易于相处、有利于群体，仿佛它们就是人类真正的美德。然而，在认为领袖和领头羊不可缺少的情况下，现今人们千方百计地把聪明的群居者聚集起来，以代替发号施令者：例如，所有代议制政体即起源于此。尽管如此，对群居动物般的欧洲人说来，独裁者的出现是巨大的安慰，而且把他们从逐渐无法忍受的压力下拯救了出来；这已由拿破仑的出现得到了充分的证明。有关拿破仑的那段历史几乎是这整个世纪以来最大幸福的历史，它见证了这个世纪最杰出的人物和最辉煌的时刻。

200

这一分裂的时代使得各个种族相互融合。在这个时代，人们的体内继承了多种血统，即相对立的和往往不单单是相对立的本能和价值标准；它们互相争斗，几乎不让对方安宁片刻。这些后来文化和间接启蒙影响下的人们通常很软弱：他们最大的愿望就是他们自身的战争能够结束。对他们来说，幸福就是能使人镇定的（如伊壁鸠鲁式或基督教式的）药物和思想方式，尤其是悠闲、无干扰、饱足和最终的内心和谐带来的幸福，用圣洁的修辞学家奥古斯丁——他正是这样的一个人——的话来说，是“安息日中的安息日”。

然而，在这种本性上的矛盾和冲突成为生活中的一种魅力和激励时，另一方面，如果除了不可调和的强大本能外，他们还继承和养成了适当的控制力和敏感性，即自我控制和自我欺瞒，来进行内心的战争，就会出现一些令人不可思议、无法理解和无法解释的人；他们像谜一般，注定会吸引和征服他人，最好的例子莫过于亚西比德[①]和恺撒[②]（按我的品位，我还得加上欧洲“第一人”、霍亨斯陶芬王朝的腓特烈二世[③]），而艺术家中就要数列奥纳多·达·芬奇。他们出现的时代，也正是渴望休闲、软弱类型的人大量涌现的时期。他们相互并存，而且有着相同的起源。

201

只要道德价值评判的主要功能仅仅是让人们生活在一起，只要人们仅仅考虑保持社会，完全根据是否危害社会的生存来判断什么是不道德的，就不会有“邻人之爱的道德”。即便时常可看到些许关心、同情、公正、和善和互助，即便在这种社会状态下，所有这些本能都很活跃，后来获得“美德”的荣誉称号，最后几乎与“道德”的概念相一致，在此阶段它们仍不属于道德评价的范畴——它们仍然“在

---

① 亚西比德（公元前450～前404年），雅典将军，曾远征西西里，后逃到斯巴达，助其大败雅典，后又逃往波斯，助其应付伯罗奔尼撒战争。

② 恺撒（公元前102～前44年），古罗马政治家、军事家。

③ 腓特烈二世（1194～1250年），霍亨斯陶芬王朝的德意志国王（1212～1250年间在位）和神圣罗马帝国的皇帝（1220年加冕）。

道德之外”。例如，在古罗马最辉煌的时期，同情的行为既不被认为是好，也不被认为是坏，既不是有道德，也不是没有道德；即使受到称赞，与那些有利于全民和全国福利的行为相比，这种称赞也带有抱怨和轻蔑。

归根结底，与对邻人的恐惧相比，“邻人之爱”总是次要的，部分是由于传统和武断的幻想。在社会组织基本建立起来、并能抵抗外部危险之后，正是这种对邻人的恐惧再次为道德评价提供了新的角度。某些强烈而危险的本能，如进取心、蛮勇、报复心、狡猾、贪婪和统治欲，迄今不仅被誉为对社会有用——当然是以不同于这些称谓的名义——而且不得不加以训练和培养，以使其强大（因为人们需要它们以应对社会面临的危险和敌人）；然而，现在这些本能被认为具有双倍的危险，因为缺乏转移这些本能的渠道，于是它们逐渐被贴上不道德的标签，任人诽谤。

现在，相反的本能和倾向获得了道德荣誉，群居本能逐渐没落。在观点、状态、感情、意志和天赋方面，怎样才算是对社会有害、对平等有害——这便是现在的道德视角：在此恐惧再次成为道德之母。

在最崇高、最强烈的本能充分爆发，个人远远超出群体道德心的平均水平之时，社会的自我信赖能力会被摧毁，社会的脊梁被折断。因此这些本能会遭到最猛烈的谴责和诋毁。崇高的独立精神、独立的意志、甚至强大的理性，都被视为危险；因此，任何使个人从群体中脱颖而出、从而对邻人形成威慑的东西都被称作“罪恶”；而公正、谦虚、顺从的心态以及适中的愿望，将得到道德方面的名号和荣誉。最后，在平和的条件下，越来越没有机会、也没有必要使人变得严肃和坚韧；每种形式的严肃，即使是公正上的严肃，都开始使人良心不安；任何崇高而坚韧的高贵和自我依赖都会惹人生厌，引人怀疑；而“羔羊”，尤其是“绵羊”将获得人们的尊敬。

在社会的历史中，当病态和温柔软弱达到一定程度，社会甚至会和危害它的罪犯站在一边，而且摆出相当严肃和诚恳的样子。无论如何，惩罚对社会来说都不公平，而且可以肯定，只要一想到要“惩罚”某人和“理应惩罚”某人，社会就会受到伤害、产生恐慌。“使罪犯不再能够为害，难道还不够吗？为什么还要惩罚？惩罚本身就很恐怖!”一旦提出这些问题，群居的道德，即胆怯的道德，将面临终结。如果可以完全消除危险、消除恐惧的原因，那么道德也可以被取消了：它不再被人们所需要，也不会再认为自己是必要的了!

任何考察当今欧洲人良心的人，都会从其道德的褶皱和隐匿处发现相同的命令，即胆怯的群体的命令：“我们希望，将来某一天我们不再害怕!”将来某一天——在整个欧洲，通向这一天的意志和方式现在被称作“进步”。

202

让我们把已经说了一百遍的话再马上重复一遍，因为现如今的人们不喜欢听这样的真理——我们的真理。我们清楚地知道，当有人不加任何修饰、不用任何比喻地把人算作动物时，那听起来将是多大的侮辱；而我们将被控告有罪，因为在提到具有“现代思想”的人时，我们经常用到诸如“群居”、“群居本能”等词汇。对此可以采取些什么措施呢？我们爱莫能助，因为这正体现了我们超乎寻常的洞察力。我们发现，在所有主要的道德评判中，整个欧洲现在是一致的，甚至包括那些受欧洲影响支配的国家在内：简言之，在欧洲，人们现在知道苏格拉底认为自己不知道的事情，知道那条有名的蛇曾经答应教给人类的事情——人们现在“知道”什么是善、什么是恶。

如果我们坚持如下的说法，人们肯定会认为很尖刻，而且不愿意听：人们认为自己知道、用自夸自责赞美自己、说自己善，这是人类这一群居动物的本能；这一本能得到突破性的发展，流行了起来，并压制其他本能——伴随着生理上的相似和同化不断增长，作为其症状的这种发展在持续着。当今欧洲的道德是群居动物的道德——换句话说，按我们的理解，它只不过是人类道德中的一种；除它之外，在它之前和之后，在“更高的”道德之上，可能还有或应该还有很多其他种类的道德存在。然而，当今欧洲的道德全力否认这种“可能”和“应该”；它顽固而冷酷地声称：“我就是道德自身，除我之外，都不是道德！”借助于一种过去纵容和迎合群居动物的那些高尚欲望的宗教，我们在政治和社会机构中发现了这种道德的更明显的表现方式：民主运动是基督教运动的继承人。

然而，有显示表明，对急躁和生病的人以及群居本能的受害者来说，它的速度仍然太慢，令人昏昏欲睡：亲眼看看那些无政府主义恶犬日益疯狂的嚎叫就知道了，它们越来越放肆地露着尖牙，在欧洲文化的小巷里游荡。他们是温和勤劳的民主主义者和革命思想家的对立面，更是愚蠢的假哲学家和自称社会主义者、欲建立“自由社会”的博爱狂热者的对立面。但事实上，他们一致对其他任何形式的社会（除了自治群体）怀有全面而本能的敌意（甚至发展到拒绝接受“主人”和“仆人”这两个概念的程度——社会主义的公式是，既不要神，也不要主人）；他们一致坚决抵制任何索取和特权（归根结底，是任何权利：一旦人人平等，就没有人再需要“权利”了）；他们一致怀疑通过惩罚能达到公正（似乎这是对弱者的侵害，对所有以前社会必然结果的不公平）；但他们也一致信奉怜悯的宗教，对所有感受着、生活着、忍受着的一切心怀怜悯（下至禽兽、上至“上帝”——过分“怜悯上帝”只出现于民主时代）；他们一致呼喊、急于给以怜悯，一致痛恨苦难，一致如妇人般拙于做旁观者、任由别人受苦；他们一致不自觉地陷入沮丧和娇弱的温柔，在此魔咒下，欧洲仿佛受到一种新佛教的威胁；他们一致信仰相互怜悯的道德，仿佛它就是道德本身，就是顶点，是人类所达到的顶点，是未来的唯一希望，是现代人的安慰，是对所有以往罪行的大赦免；他们一致信任社会，视其为救世主，简言之，信任群居，信任“他们自己”……

203

我们的信仰与之不同；我们认为，民主运动不仅是政治组织的堕落，而且是人的堕落和衰落，即人的平庸和贬值。那么，我们应把希望寄托于何处呢？

我们把希望寄托在新哲学家身上，因为我们别无选择；寄托在强壮和富于创造力的人身上，他们能提出相反的价值评判，能重新评估和颠覆“永恒价值”；寄托在先驱和属于未来的人身上，他们目前便系紧鞋带，促使太平盛世走上新的道路。要教导人们着眼于未来，使其认识到未来取决于人的意志；要进行培养和教育方面大规模的冒险和尝试，而首先要打破那些迄今被称为“历史”（“最大多数人”之类的废话只不过是其基本形式）的废话和偶然事件的令人可憎的控制：有时这需要新型的哲学家和命令者才能做到；在他们面前，任何隐蔽的、可怕的、仁慈的精神都将苍白而渺小。我们想象着这些领导者的形象：我可以这样大声说出来吗，你们这些自由精神？为产生它们，人们一方面需要创造和利用条件；用可能的方式和检验，使灵魂上升到一定高度、达到一定强度，使获得一种使命感，去承担这些重任；对价值观念进行重新评估，在新的压力和锤炼下，使心性刚强起来，以承受责任的重压；另一方面则非常需要这样的领导者，还存在可怕的危险，即不会涌现这样的领导者，或者出现了这样的领导者，但后来他们变坏和堕落——这些正是我们担心和忧虑的——你们这些自由精神，你们了解这些吗？这就是如同暴风雨般横扫我们生活上空的沉重而长远的思虑。

没有多少痛苦比曾经亲眼看见、猜测或感受到一个杰出的人偏离正道、随之堕落更让人心痛了。但是，如果某个人眼光独特，觉察到"人类"自身会堕落；如果他像我们一样，意识到关于人类未来这一点，迄今仍是可怕的偶然性在肆意妄为——在这场游戏中上帝丝毫没有插手！如果他发觉了掩藏在荒谬地接受和盲目地相信"现代观念"背后的灾难，甚至掩藏在欧洲基督教道德背后的灾难，那他忍受的焦虑将是无法比拟的。他一眼就看出，人在积蓄力量和增加工作的有利情况下尚有多大的潜能；他清楚地知道，人尚有发挥最大潜力的余地，以及"人"是多么频繁地面临谜一般的决定和新的道路——从最痛苦的记忆中他更清楚地认识到，迄今是什么肮脏的东西摧毁了正在发展中的最高级存在，以致它毁灭、沉沦、令人鄙夷。

人类的普遍堕落，堕落成为今天信奉社会主义的傻瓜和呆子所谓的"未来的人"——他们理想中的人——这种从人到完美的群居动物

(或如他们所说,“自由社会”的人)的堕落,这种从人向动物的转变(把人变为拥有平等权利和要求的矮子动物),毫无疑问,都是可能的。任何曾透彻地想过这种可能性的人,都体验过旁人未曾经历过的恶心——但或许这正是他们的新使命!……

第六章　我们这些学者

204

冒着道德教化呈现它本来面目——用巴尔扎克的话说，就是勇敢地“展示自己的伤口”——的危险，我斗胆大声反对不体面和有害无益地改变科学和哲学的相互地位，而这正不知不觉地几乎要变为现实，好像是完全合理的事。我认为只有经验——经验似乎总意味着坏的经验，是吗？——才能赋予我们权利来参与关于地位的高深问题的讨论，否则我们就像盲人谈色彩一样——如妇人和艺术家一般反对科学（他们本能而尴尬地叹息：“唉，这令人讨厌的科学！”“它总是对事物探究到底！”）

学者获得独立、从哲学中解放出来，是民主形式——以及人生无序——的影响之一：学者们的自我赞颂和自我抬升，宛若鲜花在最美丽的春天处处绽放——这并不意味着，在这种情况下自我表扬会芳香四溢。“从主人那里获得自由！”这也是民众在这种情况下本能地想要的东西；在科学兴高采烈地脱离了神学之后——科学做神学的“婢女”已经太久了——它现在兴冲冲、傻乎乎地定下目标，要给哲学定规矩、自己当“主人”——我在说什么呢？它是要自己当哲学家。

我的记忆中——一个科学人的记忆，请允许我这样称呼自己！——

满是年轻的科学家和年老的医生发表的要压服哲学和哲学家的天真言论，更不用提学者中因职业原因而最博学、最自以为是的语言学家和学校教师了。有时是专科医生和专业人士本能地抵制所有综合工作和综合能力；有时是勤劳的劳动者觉察到哲学家过着悠闲舒适的生活，因而感到要为自己辩护，被人小看了；有时是功利主义者如同患了色盲一般，只看到哲学中一系列被驳倒了的体系和“对谁都没有任何用处”的大费周折；有时是人们对隐蔽的神秘主义和重新调整知识界限的恐惧占据了前台；有时是对个别哲学家的蔑视不自觉地变为对整个哲学的蔑视。

最后，我常常发现，在年轻学者对哲学不屑一顾的态度背后，是某位哲学家造成的不良影响——虽然他们现在完全拒绝忠实于他，但与此同时，他们未能消除这位哲学家对其他哲学家的尖刻评价，以致对整个哲学感到愤怒。（譬如，在我看来，叔本华对我们最为现代的德国的影响就是这样的：怀着对黑格尔的愚钝愤怒，他成功地使德国整整上一代人偏离了德国文化的环境——考虑其方方面面，这种文化是对历史感的提升和完善。但正是在这一点上，叔本华的贫乏、反应慢、不像德国人达到了顶点。）

总之，从宏观来看，首先可能是人性化和过于人性化的地方，简言之，即最近哲学自身的低劣品质最彻底地损害了人们对哲学的尊敬，并为民众的本能打开了大门。让我们坦承，我们的现代世界多么缺乏像赫拉克利特①、柏拉图、恩培多克勒②这一类的人，多么缺乏

---

① 赫拉克利特（约公元前540年～前480年），古希腊哲学家，提出“火本原说”，认为万物的本原是火，并提出“逻各斯”，即世界万物所遵循的普遍法则。

② 恩培多克勒（约公元前492年～前432年），古希腊哲学家，提出“四根说”，认为世界的本原有四种——水、火、土、气，并提出两个动力本原——爱与恨。

这样庄严华贵的精神隐修者；当一个诚实的科学人面对哲学如今的代表人物（受当今时尚的影响，他们虽然高高在上，实则低劣至极，例如，在德国就是柏林的两头雄狮，无政府主义者欧根·杜林[1]和调和主义者埃迪亚德·冯·哈特曼[2]）时，他认为自己更优秀、更纯正，这是多么的合情合理。尤其是看到那些自称“实在论者”或“实证主义者”的杂牌哲学家，使雄心勃勃的年轻学者心中产生不信任感：他们最多也只不过是学者和专家——这是显而易见的——他们是失败者，有时从自身要求更多的东西，却无权享有这些“更多的东西”，也无力承担其责任，于是不得不受科学的支配；他们现在从言行上都令人尊敬地、并充满愤恨和仇恨地不相信哲学的精巧工作和至高无上的地位。

最后，这种情况怎么可能改变呢！如今科学欣欣向荣、自信满满，而所有现代哲学的沉沦和如今剩下的哲学只不过引来怀疑和不快，甚至是嘲弄和同情。哲学降为“知识的理论”，实际上只不过是各时代的一门羞怯的学科和教人节制的学说——它从未跨进哲学的门槛，而其百般努力也只不过是徒劳——哲学是在作最后的挣扎，面临死亡、忍受剧痛，引人同情。这样的哲学怎么可能——占据支配地位！

205

现在哲学家演变所面临的危险是如此之多，以至于人们怀疑这个果实还能否成熟。科学的范围和结构已大大扩展，与此同时，哲学家

---

① 欧根·杜林（1833～1921年），德国哲学家。
② 埃迪亚德·冯·哈特曼（1842～1906年），德国哲学家。

也越来越可能在学习过程中感到疲倦，或囿于某一方面的研究而成为一名“专家”——所以他永远都不能达到一个适当的水平和高度，做到全面地看、向四周看、向下看。或者他达到了这个高度，但为时已晚，他最好的时光和精力已消耗殆尽——或被削弱、变粗糙和退化了，那时他的观点和价值判断体系已毫无价值。也许正是他敏感的智识良心使其延误了时机：他害怕受到诱惑，变成浅薄的涉猎者，变成百足虫、千须虫；他太清楚了，任何一个失去自尊的人都不可能在知识的王国里发号施令或领导他人——除非他愿意成为一个伟大的演员，一个哲学领域的卡里欧斯特罗①和穿花衣的吹笛手②，简言之，一个引诱者。归根结底，这不是个良心问题，而是个品位问题。

除此之外，使哲学家面临的困难又增加了一倍的是，他要求自己对人生和人生的价值、而不是科学有一个明确的判断，是或者否。他不情愿地最后相信，自己有权利、甚至有义务来做这样的判断，而且必须从最广泛的——或许最烦扰、最具破坏性的——经验中寻找道路以行使这种权利和坚持上述信念；在此过程中，他常常犹豫、怀疑、陷入沉默。

其实，长期以来，群众都把哲学家误认为是科学人和完美的学者，或者是具有高尚宗教情操的、禁欲的、“超世俗”的上帝狂热者和迷醉者。现在一个人如果被称颂为过着“有智慧的”、“哲学家般”的生活，这只不过是指“谨慎和离群索居”。智慧，在民众看来，是一种逃避，是摆脱罪恶游戏的手段和方法；而真正的哲学家——我的

---

① 参见第五章第194节注解。

② 穿花衣的吹笛手，源自德国童话，一个德国城市遭受鼠灾，这时一个穿花衣的风笛手用笛声将老鼠引入河中淹死。后喻指引诱者。

朋友们，在我们看来难道不是这样的吗？——过得却是“非哲学的”、“没有智慧的”生活，尤其过的是一种不谨慎的生活；他感到有责任和义务进行反复尝试、经受生活的种种诱惑——他不断冒险，玩着罪恶的游戏……

206

与天才相比——天才要么产生，要么创造（就这两个词最高雅的意思而言）——学者只不过是一般的科学人，而且像极了老处女：跟她一样，学者不了解人类这两项最有价值的功能。而似乎是作为补偿，人们对学者和老处女做出让步，承认他们是值得尊敬的——人们强调他们值得尊敬——与此同时，人们又对不得不做出这种让步感到非常恼火。

让我们仔细考察一下：科学人是什么样的人？首先，科学人是普通类型的人，具有普通的美德；也就是说，是非统治类型、非权威类型、非充满自信类型的人：他们勤奋，安于自己的级别和地位，能力平常，需求适量，生性喜欢像自己那样的人，生性喜欢这样的人需要的东西；例如，拥有足以过温饱生活的收入和一片绿草地，以能够安心地工作；渴求荣誉和认可（首先是文字上的认可和可识别性），好名声的光芒，以及不断证明他们的价值和效用（这体现于一次又一次被用来克服从属性的人和群居动物心中沉积的怀疑）。

与其身份相称，学者也有普通人的毛病和坏习惯：他们常常因小事嫉妒，有着猞猁般敏锐的眼睛，专挑他们无法望其项背的人的毛病。他们亲近别人，但仅限那些谈吐合宜的人，说话滔滔不绝者被排除在外；正当对方口若悬河之时，他们变得冷淡起来，不太愿意开口：这时，他们的眼睛变得像平静而毫无波澜的湖水，不带一丝喜悦或同情。学者所能做得最恶劣、最危险的事源于他们意识到自己的平庸，源于平庸的耶稣会教义——它本能地致力于消灭不平凡的人，力图折断弯弓，或者更愿意把它放松。当然，会是体贴关切地放松，亲切同情地放松；这是耶稣会的典型手段，它向来知道如何把自己装扮成充满同情的宗教，引荐给人们。

207

不管我们将多么感激地欢迎客观精神的到来——有谁从来不对主观性及其可憎的自我意志讨厌得要命！——最后我们也不得不学会小心对待自己的感激之情，停止过度赞颂精神的“无私化”和非个人化，好像它就是目标本身，是救赎，是变形。悲观学派尤其如此，而他们也有充足的理由把最高荣誉授予“无私的知识”。

客观之人不像悲观主义者那样诅咒和责骂；理想的学者在经历了无数大大小小的挫折之后，身上的科学本能开始如鲜花般怒放，且永不凋谢——他们无疑是所能拥有的最宝贵工具之一，但他们在更强大之人的掌握之中。他们只不过是工具而已；这样说吧，他们是镜子——他们“自身永无止境”。客观之人的确是一面镜子：他习惯于屈从想知道的东西，除了在获得和“反映”知识时稍有喜悦之外，别无其他乐趣；他一心等待，直到知识降临，于是小心翼翼地伸展身体，唯恐他的身体和肌肤错过了那些精灵般生物的轻微脚步和一闪而过。

任何遗留在他身上的“个人”的特质，在他看来都是偶然的、常常是任意的、更多时候是让人不安的：他变成对他来说都很奇怪之形态和事件的过道和反映，已达到了如此地步。他尽力回想“自己”，但常常出错；他总分不清自己和别人，搞错自己想要的东西，他唯独在这一方面迟钝而懒散。也许他受到身体健康的折磨，或受到和妻子、朋友在一起时琐碎、狭窄之氛围的折磨，或受到缺乏同伴和陪伴的折磨——是的，他强迫自己反思所受的折磨——但徒劳无益。他的思绪已飘散，到了一个更一般化的情境，而在明天他不会比昨天更清楚如何获得帮助。他对自己已毫不关心，也不愿花时间：他很愉快，不是因为没有烦恼，而是缺乏实现自己需求的工具和手段。他习惯于殷勤对待所有事情和经历，对遇到的每件事都热情接受，不加选择地施展仁慈，对是与非毫不关心——唉！在太多的场合下，他得对这些美德付出代价。而作为一个人的他，轻易地就变成了这些美德升华后剩下的渣滓。

如果有人想从他那里获得爱或恨——我指的是上帝、女人和动物所理解的那种爱与恨——他将尽其所能，倾其所有。但是，如果他爱得不深，恨得不深——如果他在这方面表现得不可靠、脆弱、可疑和堕落，人们一定不要吃惊。他的爱是强迫的，恨是假装的，不如说是一种力气活，有点虚荣和夸张的味道。毕竟，他只在客观性这一点上是真实的：只有在愉悦完整性时，他才是“自然”和“自然的”。他那镜子般的灵魂，总是把自己擦得很亮，已不知道如何赞同或否定；他既不发号施令，也不搞破坏。他对莱布尼兹[①]说：“我几乎不轻视任何事”——人们可不要忽视或小看这里的“几乎”。

他也不是一个模范人物；他既不走在人们前面，也不落在后面；总

① 莱布尼兹（1646～1716年），德国数学家、哲学家，和牛顿同为微积分的创始人。

之，他使自己和众人远远分开，以致没有必要因为善或恶而采取立场。由于长期把他和哲学家混同起来，和恺撒式的耕耘者和精力充沛的文化人混同起来，人们赋予了他太高的荣誉，而忽视了他最本质的特征：他是一件工具，类似奴隶，当然是那种最高等的奴隶；而他自身别无一物——几乎什么也没有！客观之人是一件工具，一件珍贵的、易于损坏的、易于失去光泽的测量工具；是一组镜子，一件成功的艺术品，值得小心照料和给予荣誉。但是，他不是目标，不是结论和日出，不是其他存在物借以为自身辩护的互补性人，不是终点——更不是起点，或原动力，或强硬、有力、独立、想当主人的人——而只是形式，是一个精致的、细心掸去灰尘的、美丽的、可移动的罐子，形式等待着内容和实质以“塑造”自己——他通常只是一个没有实质和内容的人，一个“没有自我”的人。顺便说一句，因此他也是对女人毫无用处的人。

208

现在当哲学家声称自己不是怀疑论者时——我希望，通过上文关于客观精神的描述，这一点已经很清楚？——大家会很苦恼。人们开始担心地望着他，想问问题，不停地问——的确，在众多胆小的听众看来，他从此是一个危险人物。在他拒绝接受怀疑论时，他们似乎听到远处邪恶、威胁的隆隆声，好像某个地方在试验一种新的炸药，是精神的炸药，或许是一种新发现的俄国虚无主义，一种悲观主义的善良意志，它不仅否定，希望否定，而且——可怕的是——还实践否定。

要反对这种“善良意志”——实际、积极地否定生命的意志——一般说来，现在没有比怀疑论更催眠和更使人镇定的了，它如同轻盈、美丽、使人麻痹的罂粟；如今的医生甚至把《哈姆雷特》视为治疗“精神”及其地下噪音的良药。“难道我们耳朵里不是已经充满了邪恶的噪音吗?”怀疑论者质问道，他们是喜好安静的人，像极了安全警察；“这样偷偷地否定太可怕了！安静下来，你们这些悲观的鼹鼠!”

怀疑论者很脆弱，极易受惊吓；其良心所受的教育使他一听到有人说“不”，就会发抖，甚至有人坚定而有力地说声“是”，他也会这样，好像良心被刺痛了。是非分明是与他的道德相违背的；相反，他宁愿用高贵节制之盛宴来款待他的美德，比如，重复蒙田①的“我知道什么?”或苏格拉底的“我知道我一无所知”。或“在这里我不相信我自己，在这里没有门向我敞开。”或“即使有一扇门是敞开的，为什么要马上进去呢?”或“轻率的假说有什么用呢？不提出任何假说说不定才是有品位。非得马上把弯的东西弄直吗？非得把每个洞都填上麻絮吗？没有足够的时间了吗？没有多的时间了吗？哦，你们这些坏家伙，难道就不能等等吗？不确定性也有它自身的魅力，斯芬克斯也是喀耳刻②，喀耳刻也曾是哲学家。”

怀疑论者如此安慰着自己。他确实需要某种安慰，因为怀疑论是一种复杂的生理状态在精神上的集中表现，通常称为神经衰弱；它常发生于长期分离的种族或阶级突然强烈地融合之时。新一代人的血液里继承了多样的标准和价值观，在他们身上，一切都处在不安、混乱、怀疑和试验之中；最有利的影响起着抑制作用，各种美德互相阻

---

① 蒙田（1533～1592年），法国文艺复兴时期的人文主义作家，著有《蒙田随笔集》。

② 喀耳刻：希腊神话中的美丽仙女，喜欢在美酒中下魔药，曾用此办法把奥德修斯的随从变成猪，后来挽留奥德修斯与她生活了整整一年。

碍、无法成长，身体和灵魂都缺乏平衡、重心和垂直的稳定性。然而，在这些混血儿体内，染病最重和退化最厉害的是意志：他们忘却了要独立做决定，忘却了运用意志力时无畏的快感——他们甚至做梦时都怀疑“意志自由”。

我们今天的欧洲，作为尝试把各阶级乃至种族突然而彻底地融合起来的竞技场，陷入了深深的怀疑之中——有时它呈现出多变的怀疑主义，迫不及待地、贪婪地从一个枝干跳到另一个枝干；有时又很低落，像一片满载着问号的云朵——而且常常对自己的意志厌烦得要死！意志瘫痪了：我们在哪里看不到这个瘸子端坐着！而且常常装扮得多么华丽！多么诱人！这种疾病享受着最漂亮的盛装和伪装，还有绝大多数如今陈列在橱窗里的东西，例如，“客观性”、“科学性”、“为艺术而艺术”、“纯粹的无意志知识”只不过是经过打扮的怀疑主义和意志瘫痪：我对欧洲病的这种诊断负责。

意志病在整个欧洲的分布是不均衡的：在文化扎根最久的地方，它表现得最强烈和多样；在西方文化宽松的外衣下，当“野蛮人”仍然——或者说再一次——要求权利时，它就消失了。因此，在当今的法国，意志病得最严重，这是显而易见、极易推测出来的。而法国一贯善于把即使是灾难性的精神走向转变得极具吸引力和诱惑力，现在她的确显示出其在欧洲的文化优越性，成为展现怀疑主义之全部魅力的课堂和展览会。

下决心以及坚持这种决心的力量，在德国较为强大，在德国北部又比中部更强大；而在英格兰、西班牙和科西嘉又更强大，要么是因为懒惰，要么是因为强硬——意大利就不用提了，她太年轻了，还不知道自己要什么，至于能否下决心还有待证明——然而，迄今，它在那个处在中间地带的辽阔帝国表现得最强大和令人吃惊，即在欧洲和亚洲交接处的俄罗斯。在那里，运用意志的力量已经积累和储蓄了很久，在那里，意志——不确定是否定性的还是肯定性的——正恶狠狠地等待着被释放（借用今天物理学家最喜欢使用的一个词）。要使欧洲摆脱俄罗斯这一最大危险，或许不仅需要在印度的战事和在亚洲的纠纷，还需要内部的颠覆，把这一帝国分裂为一个个小单元，然后引入愚蠢的议会制，包括每个人有义务在吃早饭时看报纸。

我说这些并不是希望这样的事情发生：相反，我更希望发生相反的事情——我的意思是，随着俄罗斯的威胁性越来越大，欧洲也势必会变得同样具有威胁性，即借助一个新的集团统治欧洲，以此获得意志，一个欧洲自己的长远而令人敬畏的意志，它将设定未来几千年的目标；因此，在欧洲上演了很久的小国林立的喜剧，及其或封建、或民主的零碎意志，将最终宣告结束。小政治的时代结束了，下一个世纪将迎来争夺世界统治权的斗争——这是屈从于大政治。

209

我们欧洲人显然已跨入了一个好战的新时期，这一时期可能也希望发展另一种更强大的怀疑主义，至于到了何种程度，就这一点，我目前愿借助一个比喻稍作评论——喜欢德国历史的人将很容易理解这个比喻。那个狂热于高大英俊掷弹兵的不谨慎家伙，作为普鲁士国王[①]，造就了一个怀疑一切的军事天才，如果你由此延伸下去就会发

① 腓特烈·威廉一世（1688～1740年），普鲁士国王，1713～1740年在位，有“军人国王”之称。

现，他也因此造就了一种新型的德国人——他们刚刚胜利地登上了顶峰。腓特烈大帝[①]的这个可疑而疯癫的父亲，曾一度具有天才的眼光和理解力：他知道当时的德国缺少什么，而且缺少这种东西比缺少教育和社交礼仪要重要和紧急一百倍——出于本能和内在的不安，他对年轻的腓特烈怀有敌意。当时缺少的是男人；他极为沮丧地发现自己的儿子不够男人气。然而在这点上他错了，但处在他那样的位置，谁又不会出错呢？他看到儿子臣服于无神论、才气、聪明法国人的快乐主义和轻薄：他看到背景中的大吸血鬼、蜘蛛，即怀疑主义；他感觉到一种不可挽回的不幸，那是一颗不再硬到足以作恶或为善的心，一种不再下命令、也下不了命令的折断的意志。与此同时，在他儿子心中产生了一种新的更危险、更强硬的怀疑主义——又有谁知道这在多大程度上正是源于他父亲对他的憎恨以及他孤独、如冰般忧郁的意志？——这种勇猛、充满男人气的怀疑主义，与军事和征服天才紧密相连，最初以腓特烈大帝的形象出现在德国。

这种怀疑主义蔑视一切，但又能掌握一切；它暗中破坏一切，然后占有一切；它不相信一切，但又不因此而丧失自我；它培育出危险的自由精神，但又严厉地对待心灵。这种德国式的怀疑主义，作为腓特烈主义精神升华后的延续，使欧洲在很长一段时期内处于德国精神及其批判性和历史性怀疑之下。由于德国伟大语言学家和批判历史学家（正确地来看，他们也是研究毁灭和解构的艺术家）不可征服的强壮、坚韧和男子气，一种新的德国精神逐渐形成——尽管在音乐和哲学方面盛行的是浪漫主义；现在充满男子气的怀疑主义倾向成为一个

① 腓特烈大帝（1712～1786年），即腓特烈二世，普鲁士国王，1740～1786年在位。

显著的特征，例如，无所畏惧地直视一切，勇敢缜密地分析一切，毅然决然地踏上探索的危险旅程，以及在空旷、危险的天空下进行崇高的北极探险。

当热情而肤浅的人道主义者看到这种精神时——米什莱[①]称之为“宿命的、讽刺的、魔鬼似的精神”——他们战栗着在胸前划十字。他们这样做或许有充足的理由。但是，如果我们想实实在在地体悟到对具有这种德国精神之“人”的恐惧所带来的不同——这种德国精神终究使欧洲从其“独断论的沉睡”中醒转过来——还得回想一下被这种恐惧取代之前人们的观念：不久以前，一个男性化的女人会大胆而毫无顾忌地、自以为是地向充满同情心的欧洲人推荐德国人，说他们是一些温和的、好心的、意志薄弱的、喜欢诗歌的傻瓜。最后，我们应该深深理解拿破仑见到歌德时的惊奇：它表明了几个世纪以来人们是如何看待“德国精神”的。“Voilà un homme!”[②] ——这相当于说：“这是个男子汉！而我原本指望看到的是一个德国人。”

210

设想在未来哲学家的形象中，某一个特征使人们提出疑问：他们有没有可能不必成为上文意义中的怀疑论者，这样我们也只能辨别出他们的一个特征，而不是他们整体的特征。人们可以称他们为评论家，同样，他们无疑会成为实验家。通过我斗胆为他们取的这个名字，我已经清楚明白地强调了他们所从事的实验及其对实验的喜爱：

---

① 米什莱（1798～1874年），法国历史学家。

② 法文，意为“这是个男子汉！”

这是否因为他们作为百分之百的评论家，喜欢从一种新的、也许更广泛和更危险的意义上利用实验；他们对知识的热情是否会使他们在进行大胆而痛苦的实验中，比一个民主世纪软心肠、女人气的趣味所能允许的走得更远呢？

毫无疑问，这些未来的哲学家绝对不能没有那些严肃和绝不是没有问题的品质——这些品质把批评家和怀疑论者区分开来——我指的是有确定的价值标准、特意地利用统一的方法、敏锐而勇敢、能够自立门户和表现自我。而且，他们承认自己喜欢说“不”、喜欢剖析，承认具有某种冷静的残酷，知道甚至在心脏流血的时候如何确定而小心地运用一把刀。他们将比仁慈的人所希望的更强硬（而且也许不仅仅总是对自己强硬），他们不会与“真理”嬉戏，以获得愉悦、振奋或启迪。相反，他们不相信伴随着真理的会有这些愉悦我们感官的娱乐。

如果有人在这些严肃的人面前说如下的话，他们会微微一笑：“这一想法使我振奋，它怎么可能不是真理呢？”或“这件作品使我快乐，它怎么可能是不美丽的呢？”或“这位艺术家使我变得伟大，他怎么可能不伟大呢？”也许他们不仅仅是笑一笑，而且对任何热情的、空想的、女性化的、不男不女的这一类东西感到深深的厌恶。如果有人能够深入到他们内心最隐秘处，将会发现他们没有丝毫意图打算把“基督教情感”和“古典趣味”甚至“现代议会制”协调起来（尽管据说在我们这个不确定、因而充满调和的世纪里，甚至在哲学家中间曾经有过这种调和的尝试）。

这些哲学家不仅会要求自己具有批判素养和每一种有益于智力纯净和严肃的习惯，而且会把它们当珠宝一样展现出来，然而他们仍然不愿意因此而被称作批评家。他们认为人们现在对哲学的普遍看法是对哲学的极大羞辱，即“哲学本身就是批判和批判科学，除此以外，别无他物!”对哲学的这种评价可能会引来法国和德国所有实证主义者的掌声（甚至可能会获得康德的欢心，很合他的口味——只要想想他主要作品的题目就知道了），而我们的新哲学家则会说：批评家是哲学家的工具，正因为这个原因，作为工具，批评家还远远不是哲学家！甚至科尼斯堡那个伟大的中国人[①]也只是一个伟大的批评家。

211

我坚持认为，人们应最终停止把哲学劳动者（一般是科学家）和哲学家混淆起来；正是在这一点上，我们应该做到严格地“公正对待两者”，不能厚此薄彼。

一个真正的哲学家所受的教育，也许需要他以前也曾站在这些台阶上，而他的仆人，即哲学的科学劳动者，现在仍然站在这些台阶上而且必须一直站下去。也许他自己必须曾是批评家、怀疑论者、独断论者、历史学家，也是诗人、收藏家、旅行家、解谜者、道德家、预言家、“自由精神”和几乎每一种人，以此遍览整个人类价值和价值情感，能够从各种不同的角度和方面看待事物，从高处看到远方，从低处看到高处，从隐秘处看到宽阔处。但是，所有这些只是他工作的前提：这种工作自身要求某种不同的东西，即创造价值。

那些以康德和黑格尔为崇高榜样的哲学劳动者们，必须在逻辑、

---

① 指康德，科尼斯堡是康德的家乡。

政治（道德）思想或艺术领域中，确定一些重要的评估数据——即以前的价值假设、价值创造，它们已经占据统治地位，在一段时间内被称作“真理”——并把它们压缩成公式。这些调查者的工作正是使迄今已经发生和受到尊敬的事情易于察看、易于思考、容易理解和掌握，使每件漫长的事物、甚至“时间”简化，并战胜整个过去；这是一项庞大而精彩的工作，可以确定无疑地满足任何细微的骄傲和强硬的意志。然而，真正的哲学家是命令者和立法者——他们说：“就应该这样！”他们首先确定人类的去处和动机，然后支配哲学劳动者和战胜过去者的初步劳动。他们用富于创造力的手探索未来，现在和过去的一切成为他们的手段、工具和铁锤。他们的“知道”是创造，他们的创造是一种立法，他们的真理意志是——权力意志。

现在有这样的哲学家吗？过去有这样的哲学家吗？某一天是否一定会有这样的哲学家？……

212

在我看来，这种现象越来越真切，即哲学家作为对明天和后天不可缺少的人，总是发现、而且是不得已发现自己和其时代相矛盾：他的敌人总是其时代的理想。迄今，所有这些促进人类发展的杰出人物——人们称之为哲学家，但是他们自己很少感觉到是智慧的朋友，反而像不随和的傻瓜和危险的质问者——已经找到了他们的工作，艰难、不被需要、却又无法逃脱的工作，但最终也发现了他们工作的伟大之处，即作为他们时代的坏良知。

通过用刀解剖他们时代美德的胸膛，他们泄露了自己的秘密：要了解人类新的伟大之处，找到一条无人走过的新的道路来发展人类。每次他们都揭露在他们时代的道德下最受尊敬之人背后隐藏着多少虚伪、懒惰、自我放任和堕落，多少谎言，以及有多少美德消亡了。每次他们都说：“我们必须到达那里，走那条路，到达你现在感到最不舒适自在的地方。”

面对一个充满“现代观念”和把每个人驱逐到角落和“专业”的世界，哲学家——如果现在还有哲学家的话——将被迫发现人类的伟大和“伟大”这一概念恰恰蕴含在人的限度和复杂性中，蕴含在其完整和多面性之中：他甚至将根据人的忍受力和承受力以及承担责任的限度，来确定价值和等级。

今天，时代的趣味和美德削弱和稀释了意志；没有什么比薄弱的意志更合时宜的了。因此，在哲学家的理想中，“伟大”这一概念的含义一定恰好是强大的意志、坚韧和做出长远决定的能力；同理，相反的信条和追求哑巴的、否定的、谦卑的、无私的人性之理想适合一个相反的时代，这一时代像十六世纪一样忍受着积累起来的意志能量的折磨，忍受着最野蛮的自私之洪水、潮水的折磨。

在苏格拉底的时代，在本能退化的人中间，在古代雅典的保守分子中间——他们纵情享乐，如自己所说的那样“走向幸福”，如自己所实践的那样走向欢乐；与此同时，又依然说着古代华而不实的字眼，而他们的生活方式早已使他们无权这么说——为了灵魂的伟大，需要讽刺，需要苏格拉底这位老医生兼平民的自信的讽刺，他把刀无情地切入自己的肉体，正如他切入“高贵之人”的肉体和灵魂，脸上的表情明白无误地在说：“别在我面前假装了！在这点上，我们是平等的！”

相反，在今天，当在欧洲只有群居动物获得和分配荣誉时，当“权利平等”极其容易地变为在违反权利上的平等时——我指的是，变为一场普遍的战争，与一切稀少、奇异、有特权之事作斗争，与高等之人、高等灵魂、高等职责、高等责任作斗争，与丰富的创造力和控制力作斗争——今天，伟大这一概念隐含着高贵、独自一人、与众不同、自立门户和独立生活。而在做如下的假定时，哲学家泄露了他的部分理想：“最伟大的人是最孤独、隐藏最深、最离经叛道的人，是超越了善与恶的人，是其美德的主人，是有着充沛意志的人。正是这将被称作伟大：多样而完整，丰富而充足。”且再问一次：今天——伟大可能存在吗？

213

哲学家是什么？这很难得知，因为它没法教授：人们必须从经验中“了解”它，或者人们太骄傲，不想了解它。但是，现在整个世界都在谈论无从经历的事情，而在涉及哲学家和哲学状态方面尤其如此，而且是最糟糕的一种：极少有人了解他们，可能了解他们，而且关于他们的普遍观点都是错误的。

哲学上的真正结合，比如，大胆、丰富而快节奏的精神和辨证、不错走一步的严肃性和必要性的结合，是大多数思想家和学者依靠自身的经验所无从得知的，因此，当有人在他们面前说起时，他们简直无法相信。他们把每种必要性视作一种需要，视作辛苦的“不得不服从”和“被迫”。他们把思考本身认为是某种缓慢和犹豫的东西，几乎是苦力，而且常常认为它“值得高尚的人为之流汗”——但绝不是轻巧和神圣的事，也与跳舞和精神亢奋没有密切关系。“思考”和“认真”而“严肃”地对待一件事，对他们来说是一样的：这就是他们唯一的“体验”。

艺术家在这些事情上似乎更敏感，他们非常清楚地知道，正是在他们不再“自愿地”而是必须做事时，他们的自由感、敏锐感、权力感，以及创造性的摆放、安置和构建的感觉达到顶峰；简言之，此时必然性和“自由意志”合二为一。

总之，有不同等级的心灵状态，也有不同等级的难题与之相匹配。最高等级的难题无情地斥退每一个胆敢向它靠近、而其精神的高度和强度又注定不能解决这些难题的人。机灵的自作聪明之人或笨拙、实在的机械之人和经验主义者，如今天普遍的那样，逐步靠近它们，以其平庸的抱负尝试进入“最神圣的地方”，这有什么用呢！粗俗的脚千万不要踏上这样的地毯：这是事物的基本法则所规定的；大门对这些鲁莽之人依然紧闭，即使他们向门上撞、砸破了脑袋也如此！

人必须生来就属于高等的世界，或更确切地说，必须培养成这样：仅仅因为出生而具有从事哲学（取其伟大之意）研究的权利；在此他的祖先和“血统”也很重要。一代又一代人必须劳作，为哲学家的产生做好准备；他的每一种美德必须单独获得、培养、继承和内化，不仅是大胆、轻快、细腻的思路和思维，而且更重要的是能随时承担重大的责任，高傲的眼神能令人臣服、能俯视世界、似乎远离大众及其职责和品德，和蔼地保护和守卫一切遭误解和诽谤的事物、不论神圣还是邪恶，从实施伟大的公正中获得乐趣，精通命令的艺术，意志能够扩展，审慎的眼神中几乎从不流露出羡慕、崇敬或爱慕之情……

第七章　我们的美德

214

我们的美德？——我们也可能仍然拥有自己的美德，尽管公正地说来不会是头脑简单、方方正正的美德，我们为之而崇敬祖辈并与他们保持一臂的距离。我们未来的欧洲人，我们二十世纪的头胎儿——具有危险的好奇心、各种各样的掩饰技巧、精神和感官上成熟而甜蜜的残忍——如果我们拥有美德，我们大概只会拥有这些美德，它们已经学会如何与我们最隐秘和最恳切的倾向以及最热烈的需求融洽相处。好吧，让我们在迷宫中寻找它们吧——众所周知，迷宫是各种各样的事物丧失自我和永远消失的地方。还有什么比寻找自己的美德更美好的呢？难道这不是意味着要相信自己的美德吗？但这种“相信自己的美德”，它归根结底不是和先前所谓的“问心无愧”是一回事吗？就是令人尊敬的思想的长辫子，我们的祖辈把它系在脑后，还常常附着在他们对事物的理解背后。因此，尽管我们在其他事情上远远不守旧和像祖辈那样受尊敬，但在有一点上我们是祖辈值得称道的孙辈，我们是最后一批问心无愧的欧洲人：我们仍然保留着他们的长辫子。——唉！但愿你知道不久之后、很快——一切都会改变！……

215

正如在星空中，行星的轨道有时是由两个太阳决定的；例如，若干个太阳照耀同一颗行星，发散出不同颜色的光芒，有时是红光，有时是绿光，而在少数情况下它们同时照亮行星，把它笼罩在五光十色之中——所以，由于我们“闪烁星空”的复杂结构，我们现代人有着不同的道德；我们的行为交替闪烁着不同的光芒，其意义很少时候是明确的——而且在许多的情况下，我们的行为带着各种色彩。

216

爱自己的敌人？我想人们把这点已经学得很好了：现在人们以大大小小的方式成千上万次地履行着。而有时人们又做出更伟大、更崇高的事情来：在我们爱的时候，而且恰恰是爱得最深的时候，我们学会了厌恶——但这一切都是潜意识的，我们不会嚷嚷，不会张扬，谦逊和内在的善良使我们不会说严肃的字眼和列举些美德的条条框框。道德作为一种姿态，冒犯了我们今天的趣味。这也是进步——正如当宗教作为姿态最终冒犯了我们父辈的趣味时，包括对宗教（以及一切先前属于自由思想家的特征）的敌意和伏尔泰式的憎恶，这代表着进步。道德是我们的心灵之乐、精神之舞，伴随着它们，清教徒的祷告声、道德说教声以及对过时的值得尊敬之人和事的讲解声将不会消失。

217

要小心这样的人：他们极其看重被誉为具有道德机智和灵敏、因而能区分道德！一旦他们在我们面前犯了错误（或更糟糕是，对我们做错了事），他们绝不会原谅我们：他们不可避免地、出于本能地中伤和诽谤我们，尽管他们应该仍然是我们的“朋友”。

健忘的人有福了：因为他们同时克服了自己的愚蠢。

218

法国的心理学家——难道现在其他地方还有心理学家吗？——仍然未穷尽其从中产阶级愚昧中获得的多重而厌恶的快感，正如——够了够了，这已足够揭露一些事了。例如，福楼拜，这个纯粹的鲁昂市民，最后再也没能看见、听见或尝过任何其他的东西：这是他自我折磨的方式和高雅的残酷。现在，要变换一下了——既然这已经变得无聊起来——我提议另一种娱乐方式：善良、肥胖、可靠、平庸的人在应对比他们高等的人和他们的工作时，不自觉地带上的一丝狡猾——那种细微、复杂、耶稣会教士式的狡猾，它不仅比中产阶级的最高理解力和品位机敏一千倍，而且甚至比其受害者的理解力机敏一千倍——它再一次证明“本能”是迄今发现的所有智能中最智慧的。简言之，我亲爱的心理学家们，研究“通则”与“例外”对抗的哲学吧：你们在那里看到的景象对神和貌似神的恶意来说再好不过了！或者，更明确地说：解剖“好人”、“有着良好意愿的人”……你们自己！

219

道德评判和谴责是精神匮乏之人针对精神丰富之人最喜欢采用的报复——也是对自己天资平庸的一种补偿——最后也是丰富精神、变得优雅（即把恶意上升到精神的高度）的机会。在精神匮乏之人的内心深处，他们很高兴存在着标准，在标准面前，那些有着充裕的精神财富和特权的人与他们是平等的：他们为争取“上帝面前人人平等”而战斗，而且几乎仅仅是因此而需要对上帝的信仰。他们包括最激烈的无神论反对者。任何人对他们说“高尚的精神是一个仅仅有道德的人的任何忠实和获得的尊敬所无法比拟的”，都会使他们恼怒——我会小心不这样做的。相反，我要用我的主张来奉承他们，即高尚的精神仅仅作为道德品质的最终结果而存在；它是“仅仅有道德”之人身上所加诸的各种品质的综合，这些品质是在长期的训练和实践中、也许是通过一代又一代人逐一获得的；高尚的精神是正义的精神化，是和善之严厉的精神化，它知道自己的使命是在事物之中——不仅仅是人类之中——维持一种等级秩序。

220

鉴于现代对“无利害关系之人”的普遍赞扬，我们应该意识到——也许不无某种危险——人们对什么感兴趣，普通人在内心深处关心的是什么——这里的普通人包括受过教育的人，甚至学者，或许甚至是哲学家，如果外表不都是骗人的话。于是，这一事实就会浮现，对有着挑剔、高雅之品位的人和高尚的人而言有趣味和吸引力的东西中，绝大多数对一般人而言是完全“没有趣味的”；当他最终发现有人全心倾注于这些东西时，他称之为“无利害关系的”，而且疑惑怎么可能“没有兴趣”就去做一件事。已经有哲学家知道如何借一个有诱惑力的、神秘超验的表达（也许因为他们无从体验和了解这种高尚）来解释这种普遍的疑惑，而不是指出赤裸裸的、根本不难获得的真相；他们说：“无利害关系的”行为是极其有趣的“有利害关系的”行为，假如……

“那么爱情呢？”——出于爱情的行为都应该是“无私的”吧？你们这些傻瓜！“那又何必赞扬自我牺牲呢？”——任何真正做出牺牲的人都知道，他想得到某种东西作为回报——或许是用自身来回报自己——他在某一方面放弃是为了在另一方面获得更多，也许是为了得到更多，或者至少感觉自己得到的“更多”。但这是一个提问和回答的领域，挑剔的人是不愿意驻留此地的：甚至真理现在也发现有必要在人们期待她给出答案的时候忍住呵欠。归根结底，她是个女人：她不应该受到侵犯。

221

一个沉迷于琐事的道学家曾说，我尊敬和推崇无私的人——并不是因为他无私，而是在我看来他有资格牺牲自己的利益去做有利于他人的事。总之，问题在于他是谁，另一个人是谁。例如，对一个注定下命令的人来说，自我否定、谦逊和不出风头并不是美德，反而是浪费美德：我是这么认为的。每一种无私的道德，都把自己视为是无条件的，并适用于所有人，这不仅对高雅的趣味是犯罪：它还刺激人们犯下忽略个性的罪行，这是慈善面具下的又一种诱惑——恰恰是对高等、稀少和有特权之人的诱惑和伤害。道德体系必须首先要屈从于等级；其假设必须作得问心无愧，并最终同意“适合一个人的也适合另一个人”这样的话是不道德的。

这位道学家和好人如此劝诫道德体系、使其变得有道德，是不是应该受到人们的嘲笑？但是如果有人希望那些嘲笑者是他这边的人，他不应该过于正确；高雅的趣味偶尔也会犯点错误。

222

现在凡是鼓吹同情的地方——如果你仔细听，就会发现它是现在被鼓吹的唯一宗教——心理学家都应该侧耳静听：透过虚荣，透过这些鼓吹者（像所有鼓吹者一样）所特有的噪音，他们将听到一种沙哑、呻吟而真切的声音——自我鄙夷。这属于使欧洲变得黯淡而丑陋的行为，一个世纪以来这种情况一直发展着（它的最初症状在加利亚尼写给德埃皮奈夫人的一封有思想性的信中有所记录）——除非自我鄙夷是造成这种情况的原因。具有“现代观念”的人，即骄傲的猩猩，对自己极其不满——这是毫无疑问的。他忍受着痛苦——但虚荣使他只能和其他人一起忍受痛苦，去感受同情……

223

混血欧洲人——总的说来，是丑得还能让人忍受的平民——只不过需要一套服装：他需要历史作为服装的储藏室。可以肯定地说，他不久就会发现没有一件是合身的，所以他不停地换衣服。让我们看看十九世纪，人们对时装的喜好不断变换，并且时常因为“没有一件合身”而感到绝望。不管在风格和艺术上是装扮成浪漫的、还是古典的，基督教的、还是佛罗伦萨式的，巴洛克风格的、还是“民族的”，都没有用，都“不好看”。但是“精神”，尤其是“历史精神”，在这种绝望中发现了自己的长处：一次又一次把史前风格或外国风格的衣服试穿、穿上、脱下、打包收起来，尤其是对其进行了研究——我们的时代是首次真正研究“服装”的时代。这里的“服装”指的是道德、信条、艺术趣味和宗教。我们的时代比以往任何时代都准备得充分，以迎接盛大的狂欢，发出激越的欢笑，表现出高昂的精神，说出最蠢的废话，像阿里斯托芬那样对世界嘲弄一番。或许正是在这里我们将发现我们的发明能力，在这里我们还可以创新，就像世界历史的戏仿者和上帝的小丑——或许，即使其他的一切都没有未来，但我们的笑声却可能前途光明！

224

历史感是能快速猜出一个民族、社会和个人据之生活的价值评判等级的能力；是察觉这些价值评判之间关系、价值权威和动力权威关系的“直觉本能”。我们欧洲人称这种历史感是我们的专长，它紧随迷人而疯狂的半野蛮状态来到我们中间；各阶级和各种族的民主混合使欧洲陷入这种半野蛮状态：只有十九世纪的人们了解这种感觉，并把它当做第六感。由于这种混合，过去的每一种生活形式和方式、以往并驾齐驱或高下有别的文化，现在汇入我们这些“现代灵魂”；我们的本能目前在各方面都在回流；我们自身一片混沌。最后，如前所述，“精神”从中看到了自己的优势。

我们身体和欲望的半野蛮状态，使我们拥有通往四面八方的秘密渠道，胜过以往任何一个高尚的时代；尤其是可以进入不完善的文化的迷宫和以前存在过的半野蛮状态。由于大部分人类文化迄今都处于半野蛮状态，因此“历史感”几乎意味着对每件事的感觉和本能，意味着对每件事的喜好和口才——由此可证明，历史感是一种卑微的感官。例如，我们又一次开始喜欢荷马：或许我们最幸运的优势就是知道如何欣赏荷马，而高尚文化中的人们（比方说，十七世纪的法国人，像圣·埃夫雷蒙[①]，他们指责荷马的精神过于宽广，甚至他们的余晖伏尔泰也这么认为）不能这么容易地吸收荷马——他们几乎不让自己享受荷马。他们喜欢确定的“是”和“否”，容易憎恶某样东西，他们对外来事物持犹豫和保留态度，他们甚至对令人不快的强烈好奇心充满厌恶，以及高尚而自给自足的文化不愿意拥有新的欲求，对自身不满意，羡慕外来的事物——这一切导致他们甚至与世界上最美好的事物相对立，只要这些美好事物不属于他们，或者不可能成为他们的猎物。对这些人来说，没有哪种感官比历史感及其顺从的平民的好奇心更难以理解的了。

莎士比亚的情形也一样，他巧妙地把西班牙人、摩尔人和撒克逊人的趣味综合起来，埃斯库罗斯圈子里的古雅典人要是看到这种情形，会笑死、气死的。但我们——却恰恰接受了这种疯狂的色彩大混合，这种最精致之物、最粗糙之物和最人工之物的混合，还暗地里怀

① 圣·埃夫雷蒙（1614～1703年），法国批评家，思想家。

着亲切和诚恳之情；我们把他当作一项极其高雅的、专为我们准备的艺术来欣赏；而对英国底层民众令人厌恶的气味和亲近，莎士比亚的艺术和趣味正是生存在这种环境之中，我们不会受其干扰，正如当我们走在那不勒斯的奇亚扎街道时，我们自顾走自己的路，唤醒所有的感官，情愿沉醉其中，尽管空气中弥漫着平民区下水道的气味。

作为有“历史感”的人，我们也有自己的美德；无可否认的是，我们不骄傲、不自私、谦逊、勇敢、善于自我克制和自我奉献、懂得感恩、耐心、乐于助人；但尽管如此，我们却或许不是很“有品位”。让我们最后承认，我们这些具有“历史感”的人最难理解、感受、再一次体会和喜爱的，我们内心深处对之怀有偏见、甚至敌意的，恰恰是每一种艺术和文化的完善和最终的成熟，如同一件作品或一个人真正高贵的地方，如同大海般平静和自立自足的时刻，如同一切尽善尽美事物的金黄色和冰冷。

或许我们具有历史感这一伟大美德必然与好品位相对立，至少与最高雅的品位相对立；最了不起的幸运以及人类生活的改观，只零零散散地照耀着我们，我们努力之后也只能模糊地、犹豫地再次体验它们——是巨大力量自动停在无穷和无限之前的那些时刻和奇妙体验，是在突然克制和僵化，稳稳地、一动不动地站在仍然颤抖的地面上而感受到狂喜的时刻和奇妙体验。量度对我们来说是陌生的，让我们承认吧：令我们激动的是无穷和无限。正如骑着一匹飞奔的快马，我们在无穷面前松开缰绳，我们现代人像半野蛮人，只有在最危险的时刻才能获得极端的喜悦。

225

无论是享乐主义还是悲观主义、功利主义还是幸福论——这些思维方式都以附带和次要的“快乐”和“痛苦”为价值评判尺度，并占据着前台；每一个意识到创新能力和艺术家良心的人都将蔑视、嘲笑和同情这种幼稚的思维方式。同情你们——当然了，这里的同情不是你们所谓的同情：它不是同情社会的“疾苦”，或者“社会”及其生病和不幸的成员，或者那些生性作恶和天生残疾的人，尽管我们周围到处是这样的人；它更不是同情发牢骚和受压迫的反叛的奴隶阶层，他们渴望主宰，称之为“自由”。我们的同情是更高的、更有远见的同情：我们看到人们怎样使自己变小，你们怎样使他们变小——有时我们看到你们的同情，心中的焦虑简直无法描述，有时我们抵触这种同情，因为我们发现你们的严肃比任何轻薄更危险。如果可能的话，你们想要取消痛苦——但是再也不会有这种愚蠢的“如果可能”了。那我们呢？我们似乎希望痛苦比以往任何时候都更厉害、更糟糕。你们所理解的幸福——那不是目标，在我们看来，那是终点，这种状态不久就会使人变得可笑、让人看不起——这使人们希望他们灭亡！

让人经历痛苦和巨大痛苦的磨炼——你不知道正是这种磨炼迄今使人类取得了所有的进步吗？灵魂在不幸中的张力以及由此获得的力量、见到伟大的遗迹时灵魂的战栗、在忍受、坚持、阐释和利用痛苦中的创造力和勇气，以及一切赋予灵魂深刻、神秘、假相、精神、机智和伟大的东西——这些不是通过痛苦以及巨大痛苦的磨炼才赋予它的吗？在人类的情况下，造物和造物主是一体的：在人身上，存在物质、碎片、无节制、泥土、污垢、废话和混乱；但在人身上，同时存在造物主、塑形者、铁锤的坚硬、旁观者的神性和安息日：你们理解这种反题吗？你们理解自己的同情是为着“人身上的造物”，为着那些必须被塑造、打破、铸造、撕裂、燃烧、使之白热化、净化的东西（它们必须而且应该忍受痛苦）吗？而我们的同情——你们还不理解我们相反的同情，在抵制你们的同情、视之为最恶劣的纵容和弱点时是为了谁吗？

因此，这是同情与同情的对抗！

但是，再重复一遍：在关于快乐、痛苦和同情的问题之外，存在更高尚的问题；任何在前者面前止步的哲学都是幼稚的。

226

我们是不道德的人！——这个世界与我们相关联，在这个世界里，我们有恐惧，也有爱恋；这是一个由微妙的命令和微妙的服从组成的几乎看不见、也听不到的世界；从各方面来看这都是一个“几乎”充满复杂、挑剔、憔悴而温和的世界——的确，这个世界受到极好的保护，以避开那些笨拙的旁观者和过于亲昵的好奇者！我们被织进了一股结实的义务的纱线和衬衣，而且无法挣脱——正是在这里，我们也是“有义务的人”！偶尔，我们的确戴着“脚镣”、在“利剑”中间跳舞；但更多的时候，我们咬紧牙关，几乎无法忍受神秘而艰难的命运。但是，我们可以做自己喜欢的事——但是傻瓜和表象会说：“这些人没有义务感。”傻瓜和表象总是和我们作对！

227

诚实，假设它是我们这些自由精神无法摆脱的美德——那么，让我们爱恨交加地培育它，不知疲倦地“完善”它，我们这唯一的美德。愿它有一天像镀了金边的、嘲弄人的蓝色黄昏一样照耀着这个上了年纪的文化，及其发霉的、阴郁的严肃模样！然而，如果某一天我们的诚实厌倦了、叹着气、伸展着四肢、发现我们太辛苦，从而想要变得更好、更容易、更温和一些，比如讨人喜欢的罪恶——那就让我们这些最后的斯多葛主义者继续辛苦下去吧！让我们派遣自己拥有的一切魔鬼般的罪恶去帮助它：我们对笨拙粗糙之物的厌恶，我们为获得被禁之物所做的努力，我们的冒险精神和勇气，我们老练而挑剔的好奇心，我们极其微妙的、伪装得极好的、最精神化的权力意志和征服世界的意志（这种意志在未来的王国里贪婪地飞翔着、拍打着翅膀）——让我们与我们的所有这些“魔鬼”一起来帮助我们的“神”吧！

我们很可能因此而被误解，被误认作其他人：这又有什么关系呢？即使他们是对的又如何！难道迄今所有的神不都是这些最后变得神圣、被重新洗礼和命名的魔鬼吗？我们到底对自己了解多少呢？引导我们的精神想要被称作什么呢（这只是个名字的问题）？我们拥有多少精神呢？

我们这些自由精神，让我们注意不要使我们的诚实变为我们的虚荣、我们的盛装和夸耀、我们的局限性、我们的愚蠢！每一种美德都很容易变为愚蠢，每一种愚蠢都很容易变为美德；俄国人说：“愚蠢到神圣的高度。”让我们注意我们最后不会因为出于诚实而变为圣人和令人讨厌的人！难道生命不是短暂了一百倍，使我们来不及厌倦吗？人们非得相信永恒的生命，才能……

228

请原谅我的发现：迄今所有的道德哲学都很枯燥，让人昏昏欲睡；在我看来，没有任何东西比提倡美德的无趣之人更有损“美德”，尽管我不否认他们的普遍效用。重要的是，越少有人思考道德越好；因此，这一点非常重要，即道德不能变得有趣！但是，没有必要担忧！现在的情形仍然和以往一样：我发现欧洲没有人意识到（更不用说提醒人们意识到）：思考道德可能会很危险、使人变得挑剔、受到引诱——这可能会带来灾难！

例如，想想那些不知疲倦的、不可避免的英国功利主义者，他们怎样笨拙、体面地跟随边沁[①]的脚步，（用一个荷马式的比喻说得更浅显一些，）正如边沁曾经跟随受人尊敬的爱尔维修[②]的脚步一样（不，这位爱尔维修不是一个危险人物，用加利亚尼的话来说，他是一个随和的参议员）。没有新思想，也没有对旧思想进行改造或扭曲，使之更高雅，甚至没有适当记录前人的思想：总之，是一些让人无法忍受的文献，除非有人知道如何使它带上恶作剧的味道。

因为英国人由来已久的恶习，即所谓的伪善之言，也即道德上的

① 边沁（1748～1832年），英国功利主义哲学的创立者，经济学家，法学家。

② 爱尔维修（1715～1771年），法国十八世纪著名的唯物主义哲学家和功利论者。

伪善，已经偷偷地钻入了这些道德家（如果有人不得不解读他们，他就需要弄清他们隐藏的想法）；只不过这次它隐藏在科学性这一新的形式之下。他们还要忍受内在的良心挣扎，正如，公平的是，以前的清教徒们只要以科学的方式对待道德，就会良心不安。（道德哲学家不正是清教徒的反面吗？也就是说，他是一个对道德有疑问的思想家，认为应把道德视为一个问题，值得人们思考。道德教化不正是——不道德的吗？）

归根结底，他们都想证明英国式的道德是正确的——因为它对人性最有利，或者对“普遍的效用”、或“绝大多数人的幸福”最有利——不是的，是对英国的幸福最有利。他们运用所有的力量，想要向自己证明，奋力争取英国式的幸福——我指的是舒适和时髦（而且最好是在议会占有一席之地）——同时也是通往美德的道路；世界上所有的美德迄今都存在于这种奋斗之中。

在这些笨拙、良心不安的群居动物中（他们倡导利己主义的事业就是大众福利的事业），没有一人想知道或者甚至感受到，“大众福利”根本就不是理想、目标或勉强可以理解的概念，相反，它只不过是一副催吐剂——适合一个人的东西决不能仅仅因为这个原因，而被认为也适合其他人；要求一种道德适用于所有人，这对高等人是有害的；简言之，人与人之间是有等级差别的，因此道德与道德之间也是这样的。这些功利主义的英国人，是一类谦虚、完全平庸的人，而且，如前所述，因为他们的无趣，人们不能指望他们有太大的效用。他们甚至应该受到鼓励：下面几行诗句就是朝这方面做的努力。

万岁！亲爱的苦力，耐心的焦虑者。
“拖得越长，总是越好，”

脑袋发懵，膝盖僵硬，
没有激情，没有欢笑，
平庸无可摧毁，
没有天资，亦无机智！

229

在近来这些对人性引以为豪的时代，仍然存在恐惧，存在对“凶猛、残忍的野兽”（它正是要征服这些骄傲的人道时代）迷信般的恐惧，以致一些明显的真理几个世纪以来都没有人言说，仿佛是遵守着某种协议，因为真理看起来似乎会让这些好不容易“被杀死的”野兽起死回生。或许我不怕一不小心说出这些真理中的某一个：让其他人再把它抓住，给它喝“虔诚的思维方式之奶”，直到它静静地躺下来，被人们遗忘在原来的角落里。

我们应该重新思考残忍，应该睁开我们的双眼。我们应该最终学会放弃忍耐，以免这些厚颜无耻的严重错误继续趾高气扬、大摇大摆地走来走去，好像古代和现代的哲学家教过它们悲剧似的。几乎一切我们称之为“高雅文化”的东西都建立在精神化和深刻化的残忍之上：这就是我的论点。那头“凶猛的野兽”并没有真正“被杀死”；它还活着、茁壮成长着，它只是变得——神圣了。

构成悲剧之痛苦快感的是残忍；适合于所谓的悲剧同情的东西，实际上适合于一切崇高、以至于形而上学的最崇高、最细微的颤动的东西，只是从掺和在一起的残忍中获得甜蜜。竞技场上的罗马人，沉迷于十字架的基督徒，火刑柱或斗牛场上的西班牙人，当今涌向悲剧的日本人，向往血腥革命的巴黎郊区工人，耐着性子看完《特里斯坦和伊索尔德》① 的瓦格纳的女崇拜者——所有这些人带着神秘的热情享受和喝下的，是伟大的喀耳刻的辛辣饮料，即“残忍”。

要想看清这一点，当然我们必须赶走过去时代笨拙的心理学，它不能教给我们任何关于残忍的东西，除了残忍来自于看到别人的痛苦这一点。其实也存在无比乃至过度地享受自己的痛苦以及使自己痛苦——只要人们心甘情愿地在宗教的意义上自我克制，或者像腓尼基人和苦行僧一样自残，或者干脆禁欲、戒色、忏悔、像清教徒那样一阵阵地悔罪、剖析良心、像帕斯卡尔那样牺牲智力，人们就会在内心被自己的残忍所引诱和驱使，一种危险的自己对自己的残忍。

最后，想想吧：甚至追求知识的人都强迫自己在认知事物时要违背精神的倾向，而且常常违背内心的意愿——在他想说“是”、想喜爱、想崇拜的时候，他却说“不”——因此，其行为像一位残忍艺术家和颂扬者。的确，坚持深刻和彻底是一种侵害，这种愿望伤害了精神的基本意愿，即不懈地追求外观和表象——追求知识的每一种愿望，都有些许残忍。

230

我刚才说到的“精神的基本意志”可能不太好理解：请允许我解释一下。

那个人们称之为“精神”的发号施令的东西，想在自己家和周围

① 《特里斯坦和伊索尔德》：欧洲中世纪爱情悲剧，瓦格纳创作了同名歌剧，据说是其最难的一部歌剧。

充当主人，而且要感觉到自己是主人；它有追求从复杂到简单的意志，一种有约束力、驯服力、专横傲慢和真正统治一切的意志。其需求和机能，目前与生理学家认为一切活着、成长和繁殖的生物所具有的需求和机能是一样的。精神占用异体成分的能力，表现在倾向于把新事物同化于旧事物、把复杂简单化、忽略或排斥全然矛盾的东西——正如它不知不觉地强调异体成分和“外部世界”各部分的某些特征和外形，从而润饰和伪造整体以适应自己。这一切的意图是把新“经验”、新事物合并和编入旧事物——简单地说，就是成长——或者说得更精确一些，是成长的感觉，能力不断增强的感觉。

这种意志还有一种明显相反的动力可供利用：一种突然爆发的决定，想要赞同无知、故意的排斥、关上窗户、内心对一切说“不”、拒绝让事情靠近、防范可知的东西、满足于黑暗、满足于有限制的视野、对无知说“是”和“阿门”——所有这一切都对精神占用其他事物的能力（打个比方，就是它的“消化能力”，实际上，“精神”相比而言更类似于胃）来说是必需的、相称的。

在这方面，精神还偶尔表现出这一意向，即任由自己受骗上当，或许是想淘气地暗示事情不是这样的，以及人们只是喜欢不确定的、模糊的东西；或许是一种自我享受，喜欢武断的狭隘和隐蔽处的秘密，喜欢离自己特别近的东西，喜欢显眼的东西，喜欢放大的、缩小的、移位的、美化的东西，总之，享受这些随心所欲的权力表现。

最后，在这方面，精神肆无忌惮地欺骗其他精神，并在它们面前假装，而且还存在变化的创造性、塑形力量持续的欲望和冲动：由此，精神享用着多样而狡猾的面具，也享受着隐藏在它们后面的安全感；毕竟，正是依靠变化多端的手法，精神受到了最好的保卫和隐藏！

这种追求纯粹的外表、简化、面具、斗篷的意向，简言之，这种追求表面——因为表面都是斗篷——之意向的对立面是追求知识的高尚倾向。知识追求者坚持深刻地、多方面地和透彻地看问题，其意志几近某种智力良心和趣味的残忍。每位勇敢的思想者都将在自己身上发现这一点，只要他已经在足够长的时间内，使自己的目光变得敏锐而冷酷，而且他已经习惯了严格的纪律和严厉的话语。他会说："在我的精神中有某种残忍的倾向"；但愿道德高尚者与和蔼可亲者尽力说服他相信，事情不是这样的！

实际上，如果人们谈论、低声议论和称赞我们这些自由精神时，说我们以"极其诚实"而不是残忍著称，这听起来将好听一些，或许这将最终成为我们死后的名声。与此同时——因为离那时还有很长一段时间——我们自己可能最不愿意穿上这种缀满道德字眼之金属亮片的、炫耀的华丽服装：我们目前的所有工作使我们对这种趣味和欢快的奢侈感到恶心。这些美丽的、闪烁的、叮当响的、喜庆的字眼：诚实、热爱真理、热爱智慧、为知识而献身、诚实的英雄主义——它们会使人们的骄傲膨胀。但是我们这些隐者和土拨鼠早就说服自己保持一颗秘密的隐者良心，说服自己这种言语上值得尊敬的夸耀，也属于老旧的、虚假的夸耀和垃圾，是潜意识的人类虚荣的金粉，在这些讨人喜欢的色彩和化妆之下，必然能再次辨认出自然之人的基本文本。

总之，把人还原成自然状态；明了迄今乱涂乱画在自然之人这一永恒文本之上的虚荣而狂热的阐释和内涵；使人今后像今天一样站在人面前，在科学的训练之下变得坚强，他站在自然的面前，眼神如俄狄浦斯[1]般英勇无畏，耳朵像奥德修斯[2]那样塞住，听不到年老的形而上学的海妖塞壬般的歌声，这些海妖长久地在他耳边吹着笛子："你拥有的更多，你的地位更高，你的出身与众不同!"——这可能是一项古怪而愚蠢的任务，但它确实是一项任务——谁会否认这一点呢？我们为什么选择这项愚蠢的任务呢？或者换个说法："干吗要了解这些事情呢?"

每个人都会这样问我们。而我们一再受到追问，也千百遍地问自己这个相同的问题，但我们没有找到、也无从找到更好的答案……

231

学识改变了我们：它对于我们而言正如一切食物，其功能并不仅仅是"维持生存"——就像生理学家所知道的那样。但在我们内心深处，在那真正的"最底部"，毫无疑问存在着某些根深蒂固的东西，某些如花岗岩一般坚硬的精神命运，对于预先选定的问题给出预先准备好的决定和回答。每当一个基本问题到了危急的时刻，所说出的都是一句永恒不变的话："这就是我"；比如说，在男人与女人的问题上，一个思想者不可能做到重新认识，而只能够完善自己的认识——最终他只能够发现自己内心中的那些"固定不变的看法"。有时候，

① 俄狄浦斯：希腊神话中一国王，无意中杀父娶母，得知实情后刺瞎了自己的双眼。

② 奥德修斯：希腊神话中一国王，曾参加特洛伊战争，献木马计，最终使希腊联军获胜。战争结束后漂泊十年才回到家乡，途中历经千难万险，一次为抵御海妖塞壬令凡人无法抗拒的致命歌声，命令水手用蜡封住耳朵，并将自己用绳索绑在船只的桅杆上，方才躲过一劫。

我们寻找到了某些能够激起我们内心强烈信念的解决问题的办法；于是某些人就称这些解决办法为他们的“信仰”。后来——我们便仅仅把它们看作通向自我认识的一些台阶，看作一些路标，指示出我们本身的问题——更准确地说，是指示出我们本身的巨大愚蠢，指示出我们的精神命运，指示出我们内心“最底部”那根深蒂固的东西。

在说了这一大堆关于我自己的客气话之后，我也许可以更加容易地说出一些关于“这种女人”的真话——只希望大家从一开始就明白，毕竟这些都只是——我自己绝对真实的想法。

232

女人想要变得自立——因而她便开始教导男人什么才是“这种女人”：这是欧洲在其全面丑化的过程中所发生的最糟糕的变化之一。女人们所干的这些带有科学性的自我暴露的笨拙行为，究竟要展示些什么啊！女人有太多的理由感到羞愧；女人身上隐藏了太多的卖弄学问、浅薄无知、爱耍教师派头、狭隘的主观看法、卑劣的放荡行为以及放肆无礼的态度——人们只需观察一下她与孩子们相处时的行为便可了解！——但至今为止，所有这些实际上都在她对男人的恐惧之中被极好地压制住了，并得到了极好的控制。假如那些“女人身上永远令人厌烦的东西[①]”——她身上有很多这种东西！——被任由其发展的话，那简直就是一种灾难！如果她开始从根本上和原则上遗忘她的智慧与艺术——那些保持魅力、调皮嬉戏、驱赶烦恼、减轻压力和从

① 此处暗指歌德《浮士德》倒数第二行中所说的“永恒的女性”。原文为：“永恒的女性引领我们上升。”

容轻松的智慧与艺术——如果她忘记了自己那追逐愉快愿望的细腻天性，那真是一种灾难！

即使是现在，人们所听到的女人的声音——神圣的阿里斯托芬！——也让人感到害怕：这种声音以威胁的口吻明确无误、一五一十地道出了女人想要从男人那里得到些什么。当女人开始用这种方式变得具有科学态度的时候，这难道不是最低级的趣味吗？幸运的是，迄今为止这种启蒙工作一直是男人的事情，男人的任务——在这一点上我们仍然处在"自己人中间"；无论女人写下了什么关于"女人"的东西，我们最终都可以对此保持一种健康的怀疑态度，去思考女人是否真的希望对自己来一次思想启蒙——以及她能否将这种愿望付诸实践……

除非女人是想要用这种方式为自己寻找一种新的装饰物——我是否真的认为装扮自己是永恒的女性所不可缺少的一部分？——否则她就肯定是想要别人都怕她——或许她在寻求统治权。然而，她并不想了解真相：真相对于女人来说又有何用！从一开始，就没有什么东西比真相更让女人感到陌生、更加令她反感、更加对她怀有敌意——她最大的本事就是说谎，她最关注的事情便仅仅是外表和美丽。我们男人必须承认：我们所尊敬和喜爱的正是女人的这种能力和这一本能——我们工作辛苦，想要缓解自身的压力，因而喜欢与这样的人为伴，受她们的双手、眼睛和柔弱的愚蠢所影响，我们的认真、严肃和深奥在我们自己看来也几乎是一种愚蠢。

最后，我要提一个问题：女人是否曾经承认过女人思想深奥，或者承认过女人内心公正？至今为止，在总体上最为鄙视"女人"的是女人自己——而根本就不是我们，这难道不是事实吗？

我们男人希望女人不要再通过思想启蒙来败坏自己的名声了——这是男人对女人的关心和体谅，正如教会的训令中所规定的：女人应当在教堂里保持沉默！也正是为了女人好，拿破仑才告诫那位话太多的史达尔夫人[①]：女人应当在政治上保持沉默！我认为在今天，如果有谁劝告她们：女人应当在女人问题上保持沉默！那此人便是女人的真正朋友！

233

当一个女人从所有人中举出罗兰夫人[②]、史达尔夫人和乔治·桑先生[③]的例子，仿佛由此证明了一切有利于“这种女人”的东西时，这除了暴露出趣味低级以外——还暴露了本能的堕落。在男人看来，此三者是三个滑稽可笑的这种女人——仅此而已！——她们恰好在无意中成为了妇女解放和女人的虚荣心方面的反面证据。

234

厨房中的愚蠢；女人在做饭的时候丝毫不动脑筋，根本就不考虑怎样让全家人吃好，怎样让一家之主吃好！女人不懂得食物意味着什

---

① 史达尔夫人（1766～1817年），法国女作家，文艺评论家，其沙龙为自由派知识分子反对拿破仑的中心。

② 罗兰夫人（1754～1793年），法国革命者，在法国大革命时期，她的家成为吉伦特派成员的活动中心。

③ 乔治·桑（1804～1876年），法国女作家，其小说、戏剧和杂文以妇女独立与自由为题。她的作品包括小说《莱利亚》和《康素爱洛》。

么——只是一味地想要做饭。如果女人是一种会思考的动物，那么她在做了几千年的饭之后，就应该早已发现那一最伟大的生理学上的事实，她早就应该学会了使人康复的技巧。糟糕的厨师——在厨房中完全缺少理性——这已对人类的发展造成了最长时间的阻碍，以及最为严重的损害：甚至到了今天，这种情形也没有得到太多的改善。我的这些话是为了教育即将毕业的女学生。

235

有些表达精神的方式一语中的，有些警句，有些片言只语，其中却突然阐明了整个文化和整个社会。德·兰伯特夫人[1]随便对她儿子说的一句话就属于此类："我的朋友，除了蠢事以外，其他的事情一概不要做——这将会给你带来极大的快乐。"——顺便说一句，这是迄今对一个儿子所说出的最为慈爱、最为聪明的话。

236

但丁[2]与歌德对于女人所怀有的看法——前者歌唱道："她仰望着上苍，我却注视着她。[3]"而后者则把这句话翻译成："那永恒的女性吸引着我们向上提升"——我毫不怀疑，每一个较为高贵的女人都会

① 德·兰伯特夫人（1647～1733年），她于1710年建立了法国18世纪的文学沙龙。

② 但丁（1265～1321年），意大利诗人，著有《神曲》。

③ 这句话来自于但丁《神曲·天堂篇》。

抵制这种信念，因为她恰恰对于永恒的男性也抱有与此相同的看法……

237

关于女人的七则格言

※

当面前一个男人下跪之时，最长久的烦闷也会烟消云散！

※

老年与科学思想最终也会为柔弱的美德赋予某种力量。

※

黑色的衣服和沉默不语让每一个女人都显得——聪明。

※

在成功的时刻，我应该感谢谁？上帝！——还有我那亲爱的女裁缝。

※

年轻时：鲜花铺满了闺房。年老时：一条恶龙在此穴居。

※

高贵的姓氏，漂亮的双腿，并且还是一个男人：但愿他是我的！

※

简单的语言，广阔的思想——这对于母驴而言简直就是光滑的冰！

237a

至今为止，男人对待女人，就好像她们是在高空中迷了路而飞到了他们身边的鸟儿：把她们看作某种更加优雅、更加脆弱、更加有野性、更加奇异、更加美好和更加充满热情的东西——但同时又把她们看作某种必须被锁起来的东西，以免她们飞走。

238

在“男人和女人”这一基本问题上误入了歧途，否认他们之间的那种最为深刻的对抗状态，否认他们之间必须要有一种永恒的敌对的紧张感，也许还梦想着男女之间权利平等、教育平等、要求平等和义务平等——这是思想浅薄的典型标志，一个思想者如果在这一危险的领域里显得浅薄——在他的本能上显得浅薄！——他也许就会在大体上被认为值得怀疑，甚至不仅仅是值得怀疑——而是暴露和揭示出了其本质：很可能他在人生所有的基本问题上都“目光短浅”，在未来的人生问题上也是如此，没有能力达到任何深度。在另一方面，一个人若是在其精神与欲望方面具有深度，包括在其仁慈方面都具有深度，使得他能够变得严格和强硬，并很容易被人把其仁慈误认为严格与强硬，那么他就会在对女人的看法上与东方人保持一致：他必定会把女人看作一种占有物，看作一种能够被锁在屋里的财产，看作某种生来就是为人服务，并在其中达到自我完善的东西。在这一问题上，他必定会遵从亚洲的奇妙理性，遵从亚洲在本能上的优越性，就像希腊人从前所做的那样，他们是亚洲最好的继承者和学生：众所周知，从荷马时代一直到伯里克利[①]统治时期，随着他们的文化与权力范围的增长，他们对待女人的态度也逐渐变得更加严厉，简而言之，变得更加像东方人。这是多么必要、多么合乎逻辑、甚至多么符合人性的需要——而且值得思考！

239

在其他任何时代，人们都没有以当今这样的尊敬态度对待过女性：这属于民主时代的倾向和基本趣味，正如在旧时代人们不尊重女性一样。难怪这种尊敬很快就被滥用了。她想要更多的东西，她学会了提出要求，最终她几乎觉得这种馈赠一般的尊敬是对她的侮辱，她会更喜欢为了争夺权利而展开竞争，其实她喜欢的甚至就是真正的搏斗：总之一句话，女人失去了其贤淑端庄。我们要立刻补充一句，她同时也丢掉了她的品位。她忘记了对男人的恐惧感：然而，如果有哪个女人“忘记了恐惧”，她也就丢弃了自己最具女性特征的本能。

当男人身上的那种令人惧怕的方面——说得更确切些，当男人身上的男子汉气概不再令人渴望和向前发展的时候，女人就会冒险前进——这很合乎情理，同样也非常容易理解。但较为让人不解的是，出于同样的原因——女人却堕落了。这就是今天所发生的事情：我们不要在这一点上欺骗自己！

凡是在工业精神战胜了战争精神和贵族精神的地方，女人都会渴

---

① 伯里克利（约公元前495～前429年），古雅典首领，因其推进了雅典民主制并下令建造巴台农神庙而著名。

望着获得一个小职员所拥有的经济与法律上的独立：“作为小职员的女性”这几个字便刻在目前正处于形成之中的现代社会的入口处。她由此就拥有了新的权利，渴望成为“主人”，并在她的旗帜与横幅上写下了妇女的“进步”，尽管如此，事实却正在向着相反方向发展，这一结果如今变得清晰得可怕：女人正在退化。

自从法国大革命以来，在女人的权利与诉求增长的同时，她们对于欧洲的影响却逐步减弱了；因而“妇女解放运动”，只要是妇女她们自己要求和发起的（不仅仅是由那些浅薄的男性所要求和发起的），最后都会像是那最具女性特征的本能不断削弱和迟钝的奇怪征兆。这一运动中包含着某种愚蠢，一种几乎是带有男性特征的愚蠢，一个从此类愚蠢行为中恢复正常的女人——这样的女人总是聪明的——会对此深感羞愧。

在自己最有把握取得胜利的领域丧失了直觉；忽略了练习运用适合自己的武器；使自己走在男人前面，也许甚至到了“要写一本书的地步”，而从前她只把自己训练成一个细心而又机灵的谦卑者；带着理所当然的放肆态度，一心想要打消男人对于女人应具有的、与她截然不同的理想品质所怀有的信念，即某种永恒而又必不可少的女人味——咄咄逼人地、喋喋不休地劝说男人放弃他们的观念，即女人必须被赡养、被照顾、被保护和被纵容，就如同一只娇弱的、极难驯服的，但通常又是讨人喜欢的家养牲畜；笨手笨脚而又愤愤不平地搜集过去与现在一切体现女性社会地位的那些带有奴隶和农奴特征的东西（仿佛奴隶制是每种较为高等的文化以及文化的每一次提升的反面论据，而不是其先决条件）——这一切如果不是意味着女性本能的崩溃，如果不是意味着一种非女性化，那又是意味着什么呢？

可以肯定的是，在那些有学者派头的男性傻瓜当中，很有一些人是女人的蠢朋友和腐蚀者，他们劝说女人要用这种方式来使自己非女性化，并模仿所有那些让欧洲“男人”和欧洲的“男子气概”深受其害的愚蠢行为：他们想要把女人降低至“一般教育”的水平，也许甚至是降低到阅读报纸和谈论政治的水平。在各个地方，他们甚至想要把女人变成自由思想者和三流作家——仿佛在一个思想深奥的、不信神的男人看来，一个不虔诚的女人并不会显得多么讨厌和可笑。

几乎是在各个地方，人们都在用一种最为病态、最为危险的音乐（这就是我们最近的德国音乐）摧毁女人的神经，使她一天天地变得更加歇斯底里，变得更加没有能力去完成她的主要职责——生育强壮的孩子。总之，人们想要让她们更加“有教养”，而且正如人们所说的，想要通过文化来使女性变得更加强壮——仿佛历史没有让我们尽量印象深刻地懂得，使人类“受教育”和使人类衰弱——这就是说，意志力的弱化、破裂和衰退——总是保持一致的，并且让我们懂得，世界上的那些最有力量和最有影响力的女人（最近的一位便是拿破仑的母亲），她们之所以在力量和地位上超越了男人，正是因为她们拥有意志力——而不是由于中小学教师！

那使得人们尊敬女人，更多的时候甚至是害怕女人的东西，正是女人的天性，这种天性要比男人的天性更加“自然”，她那食肉猛兽一般的纯真而又狡猾的顺从态度，她藏在手套之下的老虎爪子，她那利己主义所带有的天真，她那不可教化的本性以及内心的狂野，还有她那让人无法理解的、范围广阔的、不断变化的欲望与美德……

尽管人们对其怀有恐惧，但他们还是同情“女人”这只危险但却美丽的猫，这是因为她似乎要比其他任何动物所受的苦难都要多，比它们更加容易受到伤害，更加需要别人去爱她，更加注定是要希望破灭的。恐惧与同情：这便是至今为止男人在面对女人时所怀有的感情，此时男人总是有一只脚踏入了悲剧，这种悲剧在使人销魂的同时也将人彻底撕碎。

什么？这一切都要结束了吗？女人那不可思议的魔力就要被摧毁了吗？女人正在开始变得“招人厌烦”吗？哦，欧洲！欧罗巴！我们知道那种一直令你最为神往的头上长角的动物[①]；它依然在威胁着你！你那古老的寓言终究会变成“历史”——再一次地，一种极大的愚蠢行为也许会控制着你，并将你带走！这一次将没有任何神灵隐匿其中；绝对没有，而只有一种“思想”，一种“现代思想”！……

① 在希腊神话中，欧罗巴为腓尼基公主。宙斯变成一头牛，将她诱拐到了克里特岛上。

第八章　民族与国家

240

我破例又听了一遍——理查德·瓦格纳《名歌手》的前奏曲：如果人们能够理解它的话，这是一部气势恢弘、风格夸张、思想沉重的近期艺术作品，它自豪地假设两个世纪以来的音乐依然还活着：令德国人感到光荣的是，这种自豪并未估计错误。还有什么风格和力量，还有什么季节与气候没有混入这部作品之中呢！它冲击着我们的头脑，一会儿显得古老，一会儿又显得奇异、尖刻、太过于现代，它新奇多变，而同时又传统得不可一世，它时常显得顽皮莽撞，在更多的时候则是粗鄙无礼——它拥有激情与勇气，但同时又蒙着一张松软的暗褐色果皮，这种果皮只有那些成熟过晚的水果才会有。它广阔而汹涌地奔流——忽然又有一瞬间的迟疑，仿佛在原因和结果之间正在裂开的一个缺口，产生出一种压力，迫使着人们做梦，而且几乎都是噩梦——但顷刻间又恢复了从前的宽度和广度，由于一股安宁的潮水的到来，一股内涵最为丰富的潮水，它包含了旧的与新的欢乐，尤其是包含了这位艺术家丝毫不想隐藏的自得之乐，他惊奇而幸福地认识到他在这里所采用的方法极其巧妙——他仿佛想要告诉我们，那是他刚刚学到的、尚未来得及检验的新艺术手法。

总之，它毫无优美可言，毫无南方情调，丝毫都没有南方天空的那种清澈与明亮，没有优雅之感，没有舞曲，不想追求逻辑；甚至还带有某种笨拙，并特意加以强调，似乎这位艺术家想要告诉我们："这就是我的一部分目的"；它像是一堆沉重的帷帘，某种野蛮、任性和阴沉的东西，一团由精致的宝物与饰带组成的混乱；某种在最好与最坏的意义上都是德国式的东西，呈现出带有德国风格的特征繁多、杂乱无章和无穷无尽；像是灵魂所具有的某种德意志的强力与充盈，不惧怕把自己隐藏在衰落的面具之后——也许只有到了那里，它才最有归属感；一种真正的德国灵魂的标志，这一灵魂既是年轻的，同时又已经过时，它成熟过度，却又极具发展潜力。这种音乐最完美地表达了我对于德国人的看法：他们属于前天与后天——迄今他们还未曾有今天。

241

我们这些"善良的欧洲人"——我们也曾经一连几个钟头充满了某种强烈的爱国主义，也曾经故态复萌而坠落到古老的爱与狭隘思想之中——我刚才举了个这样的例子——也曾经一连几个钟头充满了民族狂热、爱国激情，以及心中奔涌着许多其他种类的复古情感。比我们思想更加沉重的人，也许需要更多时间来克服这些我们只用几小时就能克服的情感，或是在短短几小时内就可发泄完的情感：有的人要花半年，还有一些人要花半辈子，这取决于他们消化与新陈代谢的速度与能力如何。确实，我能想象得到有一些迟钝的、反应比较慢的种族，甚至在我们这一变化迅猛的欧洲，他们也需要半个世纪才能够克服爱国主义与乡土情感的这种返祖性发作，才能够重返理性，即，返回至“善良的欧洲主义”。

就在我离题叙述这一可能性时，我恰好亲耳听到了两位老“爱国者”的对话：显然他们的耳朵都不大好，因此说话的声音放得很大。

“他对哲学的思考与了解就跟一个农民或联谊会里的学生一样多，”其中一人说道，“他仍然很无知。但在今天这又有什么关系！这是一个大众时代：他们肚皮贴着地面趴倒在一切规模宏伟的东西面前。在政治上也是如此。一个政治家为他们堆成了另一座巴别塔，一个帝国与权力的怪物，他们就称他‘伟大’；而我们这些更加谨慎与沉默的人不愿放弃那古老的信仰，认为只有伟大的思想才能使某一行为或目标变得伟大，这又有什么关系。假如一个政治家要求他的人民从今往后必须参与‘伟大的政治活动’，哪怕他们天生对此既没有天赋又毫无准备，这样的话，他们就只好为了一种新奇的、可疑的平庸而去牺牲自己那古老而可靠的美德——假如一个政治家竟然命令他的人民去‘参加政治活动’，即使他们迄今还有更好的事情要去做、去想，在他们内心深处还小心翼翼地保留着对进行政治活动的民族的厌恶之情，厌恶他们的躁动不安、空虚无聊和争吵不休——假如这样的政治家激活了其人民心中沉睡的热情与欲望，使他们觉得自己从前胆怯而庆幸地躲在一边的行为是一种耻辱，把他们的民族平等思想与内心无限之物说成是天大的错误，贬低了他们最真诚友好的倾向，颠倒了他们的良心，把他们的精神变得狭隘，把他们的趣味变得‘国家化’——什么！一个做尽了这种事情的政治家，他的人民要被迫在未来所有的日子里为他进行弥补，如果他们还有未来的话。这样一个政治家应当是伟大的吗?”

“毫无疑问!”另一位爱国者激动地回答，“否则他从前就不会做这事了！也许想要做这种事的念头是疯狂的？但有可能一切伟大的事情在开头的时候都只不过是一种疯狂！”

“真是滥用词语！”他的同伴大声反驳道，“是强大！强大！强大而又疯狂！不是伟大！”

这两位老人明显已经激动起来了，于是他们争相将自己的“道理”丢给对方；然而，我却带着愉快而又超然的态度，思考着究竟需要多久，这两位强者之中更为强大的一方才能征服另一方；同时也在思考着，对于一个在精神上变得浅薄的民族，冥冥之中肯定有一种补偿方式来维持世界的平衡，这就是说，另一个民族将会变得深刻。

242

那一蕴涵了欧洲之优越特点的东西，我们称之为“文明”或是“人性化”或是“进步”，或者简单地把它称作——不带任何褒贬——用一句政治套话，称之为欧洲的民主运动：在这种套话所指向的一切道德和政治前景的背后，一个巨大的生理过程正在进行，并且势头迅猛。欧洲人正在变得彼此相似；他们越来越远离那些曾经导致了各类种族起源的各种条件，这些条件与某种气候和遗传因素密切相关；他们正在日益变得独立于任何限定性的环境之外，许多世纪以来这些环境都在人们的身体与心灵上刻下它们各自的印记，并对生活于同一环境中的人们提出同样的要求。因此，一类在本质上超越了民族的游牧人群正在逐渐形成，从生理上说，这类人拥有最大的适应本领与能力，此即他们的典型特征。

“正在进化的欧洲人”这一过程，其速度也许会因为某种严重的旧病复发而受到阻碍，但也有可能恰好因为这一原因而变得更加强烈、更加深奥、获得更大的发展：那仍在盛行的“民族情感”的风暴与压力就与此相关，还有那刚刚开始萌芽的无政府主义。但这一过程有可能导致的后果，却好像是那些天真地推动与赞颂它的人，即那些“现代思想”的传道者们最不希望看到的。那些一模一样的新条件，虽然它们在通常情况下把人们变得平等而且平庸——变成一种有用的、勤劳的、易于控制的、有多种功能的群居动物——却极有可能产生一些最危险，同时又最有魅力的杰出人物。

可以肯定的是，虽然那种适应能力一直在努力对付不断变化的情况，在每一代人中间，甚至几乎每隔十年，都会开始从事新的工作，但它不可能产生拥有强力的那一类人，而且这种未来的欧洲人给人的总体印象也许是一大群絮絮叨叨的工人，他们意志薄弱、非常适合于被雇佣，如同需要每天的面包一样需要有人来管理他们、对他们下命令。然而，欧洲的民主化虽然会导致产生一类在最微妙意义上准备接受奴役的人，但在一些个别的、例外的情况下，强者也许最终会变得比过去更加强大、更加富有——这是由于他在受训练的过程中从未遭受过偏见，由于他经历过的极其多样化的练习、技巧与伪装。我的意思是说：欧洲的民主化在同时也不知不觉地为培养暴君准备了条件——这个词是指各种意义上的暴君，包括最精神化意义上的暴君。

243

我很高兴听说我们的太阳正在快速地朝向武仙星座移动——我是否可以希望这片大地上的人们在这方面也学学太阳的样子？那么我们就是第一个，我们这些善良的欧洲人！

244

曾经有一个时期，人们在习惯上认为德国人很“深奥”，认为这是他们的独特之处。既然新德意志精神中间最为成功的那类人向往与此截然不同的荣誉，也许他们已经丢失了探询一切深奥之物的那种“勇气”，那么就会出现一些怀疑，几乎是适时地、充满爱国主义地提出疑问：从前的那些赞扬是否在根本上只是自我欺骗——简而言之，德国人的深奥是否在实质上是某种与此不同、甚至更糟糕的东西，或者是，谢天谢地，某种人们即将成功摆脱的东西？让我们尝试着对德国人的深奥进行再认识：我们不用做更多的工作，而仅仅只需要对德国人的灵魂来一次活体解剖。

首先，德国人的灵魂包含了许多方面，各个方面的来源又互不相同，与其说是由这些方面实际建造而成，还不如说是由它们堆积在一起、逐层累加而成的：这种情况是由于其来源而造成的。一个德国人如果冒冒失失地说：“哎呀，我心里面有两个灵魂。”[①] 那他就大错特错了，或者准确地说，他的话与真实情况不符，德国人远不止两个灵魂。作为一个由数量最为庞大的各类种族混合杂交而形成的民族，甚至也许其中雅利安人之前的成分还占优势；作为各种意义上的“中部民族”，德国人对自己而言，要比其他民族对其本身更加不可理解，更加内容广泛，更加自我矛盾，更加不为人知，更加无法预测，更加令人惊奇，甚至更加令人恐惧：他们逃避任何对自己下的定义，光是

① 这句话出自歌德《浮士德》，第1112行。

这一点就让法国人感到绝望。

德国人的一个典型特征是，他们从来没有停止过询问："德国人是什么样的人？"科策布[①]的确足够了解他的德国人："我们已经被大家认出来了！"他们便一起欢呼——但桑也认为自己了解德国人。当让·保尔[②]在声称自己愤怒地反对费希特[③]那些虚伪但却充满爱国热情的恭维话与夸张说法的时候，他很清楚自己正在做什么——但有可能歌德对于德国人的看法与让·保尔不同，尽管他认为后者对于费希特的评价是对的。那么，歌德到底是怎样看待德国人的呢？

但歌德从来没有把他周围的许多事情说清楚过，他终其一生都是个知道如何狡猾地保持沉默的大师——也许他有充分的理由那样做。可以确定的是，并非是"解放战争"[④] 使他高兴地抬起了头，也不是法国大革命；那一使得他重新构思他的《浮士德》，并重新思考整个"人类"问题的事件，是拿破仑的出现。他曾经用不耐烦的刻薄口吻来贬低德国人引以为傲的东西，仿佛他自己是个外国人：他有一次曾给那众所周知的德国气质下了个定义，称它为"对于他人与自身的弱点的宽容"。他这话是不是说错了？德国人的一个特点是，人们对于他们的看法很少有完全错误的。

德国人的灵魂拥有其本身的过道与游廊；其中有洞穴、密室和地

---

① 奥古斯特·弗雷德里希·费迪南德·冯·科策布（1761～1819年），德国剧作家，以他对浪漫主义的嘲讽，二百多部生动的戏剧，和他与歌德的争吵而闻名。后被大学生卡尔·路德维希·桑特刺死，后者认为前者是俄国间谍。

② 让·保尔（1763～1825年），原名让·保尔·弗雷德里希·里希特尔，德国浪漫主义时期最著名的作家之一。

③ 约翰·戈特利布·费希特（1762～1814年），德国哲学家，他的关于世界道德规律及社会道德本性的思想，对黑格尔有重要影响。

④ 即反对拿破仑的战争。

牢；尽管一片乱七八糟，但却因为其神秘而拥有无穷的吸引力；在寻找通向混沌的密道方面，德国人是专家。正如一切事物都喜欢自己的相似物一样，德国人喜欢云朵，以及一切模糊的、变化的、朦胧的、潮湿的与阴暗的东西：无论什么东西以何种方式显得不确定、无定形、看不清以及不断发展，他们都会感到这个东西很“深奥”。德国人本身则并不存在，他们在变化，他们在“发展”。因此，在哲学惯用语的伟大王国里，“发展”确实是德国人发现并找到的——这一占统治地位的观念与德国啤酒、德国音乐一起，正在努力尝试着把整个欧洲德意志化。

德国人的灵魂最深处所带有的矛盾本性向外国人展示出了许多谜团（黑格尔使这些谜团形成了一个体系，而理查德·瓦格纳则最终用音乐把它们表达了出来），使得他们惊讶地驻足不前，并着迷不已。“脾气好而思想坏”——这样一种结合，在其他任何民族看来都是不可思议的，但在德国却不幸地得到了太多次的证明：让每个人都到斯瓦比亚①去待一阵子，好好体会一下这点吧！德国学者沉闷无聊，不喜欢交际，但这种脾气却令人惊奇地与他们内心的那种胆量相处得特别融洽，他们胆子特别大，敢于毫不在乎地在绳索上跳舞，让各路神仙都感到心惊肉跳。任何想要亲眼看看德国人的灵魂的人，都只需要仔细观察德国人的趣味，观察他们的艺术与风俗习惯：他们竟然十分粗鄙地对“趣味”采取一种漠然态度！最高贵的与最卑劣的东西竟然并肩站在一起！这种灵魂的全部家当又是多么混乱、多么丰富！德国人吃力地一路拖曳着自己灵魂：拖曳着自己所有经历过的事情。他们

① 历史上德国西南部一地区，起先包括今天的法国及瑞士。1268 年后被分割成小块的公国和采邑，但是其繁荣的城镇经常联合起来组成防御性联盟，最著名的是 1488 年至 1534 年的斯瓦比亚联盟。

消化这些事件的能力很差，因而从来就没有甩“掉”过它们；德国人的深奥通常仅仅只是一种艰难而缓慢的“消化过程”。正如所有的慢性病人、所有的消化不良者都喜欢舒适之物一样，德国人喜欢“坦率”与“诚实”：坦率和“诚实”让人觉得多么心情舒适啊！

也许今天的德国人所能够作的最危险、最成功的伪装，莫过于属于德意志诚实的这种轻信于人、依赖他人和自亮底牌的做法：这也正是他所玩弄的梅菲斯特式的诡计；用此手法他依然可以“取得成功”！德国人在前进的同时，也在眨巴着他们那双忠实而又茫然的、德意志的蓝眼睛——很快外国人就分不清哪是他，哪是他所穿的睡衣！

我的意思是说：无论“德国人的深奥”到底是什么东西——也许我们只有完全处于自己人当中的时候，才可以去嘲笑它——我们今后最好还是继续尊敬它的外表和好名声，不要把我们作为一个深奥民族的古老声誉过于贱价地交易掉了，而换得的只是普鲁士的“勇气”，以及柏林的才智与沙粒[①]。一个民族让别人觉得自己深奥、笨拙、脾气好、诚实和不聪明，这反而是聪明的做法：甚至可以称得上——深刻！最后，人们应当配得上自己的名声：一个民族不会无缘无故地被称为“条顿”民族、德意志民族、骗人的民族……

245

那“过去的好时光”已经逝去了，我们在莫扎特[②]那里听到了它的最后一声歌唱。我们多么幸运啊：他那洛可可式的音乐风格依然在

① 柏林附近的地区曾经被称为是“神圣罗马帝国的沙盒”。

② 莫扎特（1756～1791年），奥地利作曲家，维也纳古典乐派主要代表。

向我们诉说，他那“志趣相投的伙伴”，他那温柔的热情，他在花饰与中国音乐中所感受到的天真的欢乐，他那发自内心的谦恭有礼，他那对于优雅、多情、舞姿以及多愁善感的渴望，他对于南方的信仰，这些东西也许仍旧吸引着我们内心的一些残余情感。唉，总有一天这些都会消失——但谁又会怀疑对贝多芬的理解和喜爱，将会比这消失得更早！贝多芬毕竟只不过是在那个风格过渡时期，在那个风格断裂时期发出的最后一声和弦，而不像莫扎特，后者是许多世纪以来伟大欧洲鉴赏力所发出的最后的和声。

贝多芬是处于一个经常崩溃的、成熟的古老灵魂与一个不断前进的、过于年轻的未来灵魂之间的一段插曲；在他的音乐之上，闪烁着永恒的失去与永恒的过度期望所形成的那种微光——欧洲正是沐浴在这一微光之中，而开始与卢梭①一同做梦，围绕着大革命的自由之树翩翩起舞，最终几乎拜倒在拿破仑的面前。但如今这种情感是多么快就变得苍白失色；甚至在今天，仅仅要理解这种情感都变得那么艰难——卢梭、席勒②、雪莱③与拜伦④的语言，在我们听来是那样地陌生。在他们这一群体那里，同样一种欧洲命运找到了用言语表达自己的方式，而在贝多芬那里，它知道了怎样去把自己歌唱出来！

无论德国音乐遵循的是什么传统，它都属于浪漫主义，从历史的角度看，这是一场比从卢梭到拿破仑，以及到民主的兴起那一伟大插

---

① 卢梭（1712～1778年），法国启蒙思想家、哲学家、教育家和文学家。

② 席勒（1759～1805年），德国剧作家，作品有《阴谋与爱情》。

③ 雪莱（1792～1822年），英国浪漫主义诗人，诗作有《西风颂》和《致云雀》。

④ 拜伦（1788～1824年），英国浪漫主义诗人，著有长诗《恰尔德·哈罗德游记》和《唐璜》，并有诗剧《曼弗雷德》。

曲更短暂、更转瞬即逝和更为肤浅的运动。韦伯[①]——但如今《自由射手》与《奥伯龙》对我们来说意味着什么！或者，马尔斯纳[②]的《汉斯·海灵》和《吸血鬼》又意味着什么！或者，甚至还有瓦格纳的《汤豪舍》！这都是些已经逐渐淡出了人们视野的音乐，虽然它们还没有完全被人遗忘。并且，所有这些浪漫主义音乐除了在剧院还能供大众欣赏以外，已经不够高贵，不具有存在价值了；这种音乐从一开始就是二流音乐，真正的音乐家都不去正眼看它。

费利克斯·门德尔松[③]的情况就不同，这位性格平静的大师，由于他的灵魂更加轻松、更加纯净、更加愉快，因而很快就为人所赞誉，也同样很快就被人所遗忘了：成为了德国音乐的一段优美的间奏曲。然而，就舒曼[④]而言，他从一开始就非常认真，同时也被他人所认真对待——他是最后一个创立了流派的人——舒曼的浪漫主义已经被人所超越了，在我们今天看来这难道不是一种幸运、一种解脱、一种解放吗？

舒曼逃进了自己灵魂的“撒克逊瑞士”[⑤]之中，他一半象维特[⑥]，一半象让·保尔，但肯定不像贝多芬，肯定不像拜伦！——他的《曼弗雷德》音乐是一个错误，可以说是不公平地误解了拜伦——舒曼的

---

① 韦伯，德国作曲家，德国浪漫主义音乐的创始人。

② 马尔斯纳（1795～1861年），德国作曲家。

③ 门德尔松（1809～1847年），德国指挥家、钢琴家及作曲家，其作品以感情压抑和古典形式为特征。

④ 舒曼（1810～1856年），德国作曲家，尤以声乐套曲、钢琴曲和交响乐著名。浪漫主义的主要代表，他曾鼓励及影响过肖邦和勃拉姆斯。

⑤ 一段崎岖陡峭而又风景如画的山脉，位于德国德累斯顿以南约十五英里处。

⑥ 歌德书信体小说《少年维特之烦恼》中的主人公，感情丰富，后因失恋而自杀。

趣味在根本上是一种渺小的趣味（这就是说，是一种危险的倾向，这种倾向在德国人中间更是加倍危险，即喜欢平静抒情与情感陶醉的倾向），他总是独自走开，胆怯地退后，并隐居起来；他是个高贵但心肠较软的人，终日沉湎于各类不知其名的狂喜与悲伤；他从一开始就带有某种女孩子气，不让别人碰他：这样的一种舒曼早已只是音乐上的一种德国事件，不再像贝多芬那样，或者把程度再放大点，不再像莫扎特那样，是一种欧洲事件。在舒曼那里，一种最大的危险威胁到了德国音乐：它将不再是欧洲灵魂之音，而堕落成为一种单纯的民族特色。

246

在任何一位拥有第三只耳朵的人看来，阅读用德文写成的书真的是一种折磨！当人站在那些缓慢而循环出现语音的沼泽地面前时，他将会感到多么的烦恼，这些语音听起来不像任何东西，这些节奏也不会跳舞，而德国人却称之为“书”！更糟糕的是，这些竟然还是读书的德国人！他们读得多么懒散、多么勉强、多么糟糕！又有多少德国人知道，或是要求他们自己应该知道，每一个好句子里都包含着艺术——如果要理解这个句子，就应该领会句子中的艺术！比如说，倘若误解了句子的节奏——也就误解了这个句子本身！

人们不能够怀疑那些对韵律起决定作用的音节，不能怀疑人会觉察到打破过于严整的对称是故意的行为，有着无穷的魅力，不能怀疑人会仔细、耐心地倾听每一个语音断层和音节的长短变化，也不能怀疑人会领悟到元音与双重元音的排列顺序中所隐藏的意义，以及这种一个接一个地排列顺序是多么巧妙、多么丰富地赋予了它们色彩，令它们改变了原有的色调——德国的读书人当中，有谁会拥有足够的决心去承认这样的责任和要求，从而去倾听语言中所包含的如此众多的艺术与意图？最终，人们完全“对此不感兴趣”；因而，那最为强烈的风格对比一直不为人们所觉察，那最为精妙的艺术技巧也被浪费在了聋子身上。

这些就是我在发现人们笨拙而迟钝地混淆了两位散文技巧大师之时所产生的感想——其中一位大师的文字犹豫不决，不带感情，仿佛是从一个潮湿山洞的上壁掉落到纸上的——他指望它们产生单调的声音，并引起同样单调的回声——另一位大师则像舞动轻巧的长剑一般挥洒着他的语言，从手臂到脚趾都从剑的颤动中感到一种危险的快乐，那锋利无比的剑刃渴望着去刺、去砍、去嘶嘶作响。

247

德文文体与声音和耳朵之间的关系微乎其微，这一点可以在我们那些优秀的音乐家那里得到证明：他们恰好都不善为文。德国人都不大声朗读，他们不是为了用耳朵听，而是为了用眼睛看：在此期间，他们把自己的耳朵放进了抽屉里。在古时候，人们对着自己读书——他们真的是在读，这种情况极为罕见——用一种带着回响的大嗓门在读；当有人安静地读书时，人们就会觉得惊奇，并偷偷地自我询问，想要弄清其原因。用一种带着回响的大嗓门：这就是说，在朗读时注意语调的逐渐增强、变化和颠倒，以及节奏的改变，古代公共场所的听众对此深感其乐。

那时的书面语规则与口语规则是一样的；这些规则一部分取决于耳朵与喉咙那令人惊奇的发展和细微的要求，一部分取决于古人的肺所拥有的力量、耐力与能力。一个句号在古典意义上首先指的是一个生理单位，是指一口气说出的所有话语总和。在狄摩西尼[①]和西塞罗[②]那里就能够找到这样的句号，声音的两次增强与两次减弱都在一口气中完成，古人们在其中感受到了乐趣，他们由于自身所受的训练，懂得如何去尊重这种句号的优点，懂得能够使用这样的一个句号的人是多么稀少，而使用它又是多么困难。我们真的没有权利使用这样伟大的句号，我们这些现代人的呼吸在任何意义上看都很短促！

毕竟，这些古人他们自己都是爱好修辞艺术的人，因而都是行家，也因此都是批评家，所以他们便促使他们的演说家将这些技巧发挥到了极致；就像在上个世纪，当所有的意大利人，不论男女，都学会了怎样唱歌的时候，对歌唱技巧的鉴赏能力（同样还有旋律艺术）就在他们中间发展到了顶点。然而在德国，实际上只有（直到最近，才有一种讲台演讲开始非常羞涩与笨拙地扑打着它那稚嫩的双翼）唯一的一种公开演讲差不多算得上是带有艺术性的说话方式：那便来自于布道坛。

在德国，只有布道者知道一个音节、或一个单词的重要性，知道一个句子如何冲击、跳跃、俯冲、奔跑和结束；也只有他的耳朵才能辨出好坏，但他也经常性地分辨不出来；因为有许多原因导致了德国人很少能够精通演说技巧，他们几乎总是掌握得太迟了。因此，非常

---

① 狄摩西尼：古希腊演说家，他的成名主要基于勉励雅典市民起来反抗马其顿国王腓力二世的一系列演讲强烈抨击。

② 西塞罗（前106～前43年），古罗马政治家、雄辩家、著作家。

公平地说，德国散文的杰作都是那些最伟大的布道者的杰作：《圣经》是至今为止最优秀的德文书。与路德的《圣经》相比，几乎其余的一切都仅仅是“印刷品”——某种并非生长于德国，因此也未能深入德国人内心的东西——而《圣经》就不一样。

248

天才可以分为两类：一类天才首要任务是生养，并且渴望生养，而另一类天才却更喜欢受孕和生产。正是如此，有些天才民族，女人怀孕的问题以及形成、成熟与完善这一秘密任务，便由他们来负责——比如说，希腊人就属于这类民族；法国人也属于这一类——而其他民族就必须怀孕，成为新的生命秩序的原因——就像犹太人、罗马人，或者，毫不夸张地问一句，德国人也是这样吗？有些民族被不为人知的狂热所折磨和迷惑，被一种不可抗拒之力推得超越了自身，喜欢并渴望外族人（那些喜欢“怀孕”的民族），同时又飞扬跋扈，就像所有那些知道自己因为充满生殖力而受“上帝眷顾”的东西一样。这两类天才相互追求，就像男人和女人一样；但他们同样也误解对方——就像男人和女人。

249

每个民族都有他们自己的伪君子作风，而他们自己却称之为美德。——我们不知道我们心中什么东西最好——我们也不可能知道。

250

犹太人给欧洲带来了些什么？许多东西，有好的也有坏的，尤其是有种东西，它既是最好的又是最坏的：道德的崇高风格，无限要求与无限意义的可怕之处与威严之处，道德可疑性所具有的全部浪漫精神与崇高气质——因而正是那些幻变色彩与生命诱惑中的最有魅力、最迷惑人和最精华的部分，我们欧洲文化的天空，那傍晚时分的天空，如今正在它的余晖之中燃烧——也许即将燃尽。我们这些站在观众们与哲学家们中间的艺术家——要为此对犹太人心存感激。

251

如果一个民族的精神上空出现了各种各样的阴云与歪风——简单地说，就是愚蠢这种病症的轻微发作——而同时这一民族又正在受难，渴望受难，充满了民族主义神经狂热和政治野心，那我们就要好好斟酌一下了。如今德国人当中这样的例子有：目前的反法兰西蠢行、目前的反犹太蠢行、目前的反对波兰蠢行、目前基督教的浪漫蠢行、目前的瓦格纳蠢行、目前的条顿蠢行、目前普鲁士的蠢行（只要看看那些卑劣的历史学家，那些希贝尔与特莱奇克①之流以及他们那缠着厚厚的绷带的脑袋！），以及这些蒙蔽了德国精神与良心的卑微之物的任何其他称谓。请原谅我，因为在我大胆地短暂逗留于这一深受

---

① 希贝尔（1817～1895 年）与特莱奇克（1834～1896 年），此二人都是当时德国的主要历史学家。

传染病肆虐地区的期间，我也未能完全幸免于这一疾病，于是我便和其他人一样，开始对毫不关己的事情形成了一些想法：这正是这种政治传染病的最初症状。例如，关于犹太人：诸位请听！

我还从未遇到过一个对犹太人怀有好感的德国人；不论所有那些谨慎的、有政治头脑的人是多么坚决地否定真正的反犹太主义，哪怕这种谨慎与精明并非针对这一情感本身，而只是针对这一情感中危险的多余部分，特别是针对这一多余情感的那种枯燥而可耻的表达方式——在这一点上，人们不应该欺骗自己。有些观点认为：德国的犹太人已经够多了，甚至连目前这么多的犹太人都已经让德国人的胃，德国人的血液难以消化了（并且在今后一段很长的时间内都会难以消化）——就像意大利人、法国人与英国人，他们虽然有更强大的消化系统，但也还是消化不了——这就是一种普遍的本能所发表的明确宣言与话语，人们必须仔细倾听，并照着他们说的去做。“不要再放更多的犹太人进来了！尤其是要关上通往东方（以及奥地利）的大门！”一个民族的本能这样命令道，这个民族的特点依然很软弱、很不确定，因而它将会很容易被一个更为强大的民族抹掉和消灭。然而，犹太人毫无疑问是当前生活在欧洲的最强大、最坚强和最纯粹的种族；他们甚至知道怎样才能在最不利的条件下取胜（甚至比在有利条件下更知道如何取胜），凭借的是某些被现代人称为罪恶的美德——这首先得感谢他们的一种坚定不移的信仰，这种信仰在面对“现代思想”之时不必感到羞愧；他们也会改变，当他们改变自己的时候，则总是像俄罗斯帝国进行征服扩张那样——像一个有充裕时间，而并非已经衰落的帝国那样——这就是说，依照“尽可能慢”的原则！

一个凭着良心思考欧洲发展的思想者，在他关于未来的所有规划之中，将会把犹太人和俄国人暂且看作在那各种力量之间的伟大比赛和搏斗之中最有把握、最有可能获胜的因素。当今欧洲所谓的“民族”是一种制造出来的东西，而并非是天然形成的（有时与假想的、虚幻的东西混在一起，无法区分），在任何情况下都是一种发展的、稚嫩的、很容易被改变的东西，还没有成为一个种族，更不用说成为像犹太人那样的一个比青铜还要持久的种族了：这些“民族”的确应该小心地避开每一种鲁莽的对抗与敌意！可以肯定的是，如果犹太人愿意的话——或者他们被迫去做的话，这仿佛是反犹太主义者所希望的——他们甚至现在就可以占据优势，确切无疑地说，是控制整个欧洲；同样可以肯定的是，他们现在并没有这样做，也没有计划这样去做。

与此同时，他们反而甚至是带着某种强求的态度，想要并且希望欧洲将其吸收与同化；他们向往着最终在某处他们能够不再流浪、得到承认和被人尊重，结束游牧生活，不再是“漂泊的犹太人”；这种倾向与冲动（这甚至有可能说明犹太人的本能已经减弱了）应当引起人们的注意，并使其得到满足：由此可见，把那些大声叫嚷着要反对犹太民族的人驱逐出境，也许是有益而且公平的。我们应当小心谨慎地、有选择地接纳犹太人；差不多就像英国贵族所做的那样。很显然，新德意志精神中较为强大、特征已较为清晰的那一类人物最能够乐意主动地与他们建立关系；比如说，那些来自于马克边疆省的贵族军官：看看世代相传的命令与服从的技巧——这块土地因为这两者而得名，今天已为世人所知——是否能够受益于金钱与耐心的天赋（首先是一种灵性，这种灵性在这些军官之中极度匮乏），这从许多方面来看都是很有趣的。但在这里最好中断我那兴高采烈的、带有亲德立场的休息日演说；因为我即将开始谈论我的严肃话题，即我所理解的“欧洲问题”，也就是培养一个即将统治欧洲的新特权阶层的问题。

252

他们根本不是哲学种族，这些英国人：培根①代表了对哲学精神的攻击；霍布斯②、休谟③和洛克则意味着在一个多世纪以来“哲学”这一观念的价值在降低和下跌。正是在反对休谟的时候，康德才开始崭露头角，并且日渐高升；在谈到洛克的时候，谢林说：“我鄙视洛克。”他有理由这样说。在与愚弄世界的英国机械论作斗争的过程中，黑格尔和叔本华形成了统一战线（还有歌德）——这两位在哲学上互相仇视的天才兄弟努力背向而行，分别向着德国精神的两极进发，在此期间，他们都冤枉了对方，就像只有兄弟俩才会互相冤枉一样。

当今英国缺少什么，那里一直以来都缺少什么，卡莱尔④这个半吊子演员和雄辩家，这个枯燥乏味的笨蛋，却对此知道得清清楚楚。他满怀热情地扮鬼脸，试图以此来掩饰他对自己的了解——卡莱尔自己所缺少的东西：真实的精神力量，精神感觉的真实深度；简单地概

① 弗朗西斯·培根（1561～1626年），英国哲学家、随笔作家、朝臣、法理学家和政治家。

② 托马斯·霍布斯（1588～1679年），英国政治哲学家，他的著作《利维坦》表明了其人类的本质是自私的观点。

③ 大卫·休谟（1711～1776年），英国哲学家和历史学家，他认为人类认识的唯一来源是感觉经验。作品包括《人性论》和《政治论》。

④ 托马斯·卡莱尔（1795～1881年），英国历史学家和散文作家，其著作，如《法国革命》，以对社会和政治的犀利批评和复杂的文风为特色。

括起来，就是哲学。

这一缺乏哲学的种族的典型特点就是笃信基督教：他们需要其戒律来让自己变得“有道德”和稍微有点人性。英国人比德国人更加阴沉、更加重感官、意志力更强以及更加野蛮，正是因为如此，他们就比德国人更庸俗，同时也更虔诚：他们于是便更加需要基督教。在较为灵敏的鼻孔闻起来，甚至连这种英国基督教也带有典型的英国气味，即坏脾气与嗜酒如命，因此有足够的理由需要基督教作为一剂良药来对此进行治疗——用精制的毒药来治疗较为粗制的毒药：被一种更加精制的毒药所浸染，这对于粗俗呆笨的民族而言其实是一种进步，在通往灵性的道路上又迈进了一步。英国人的笨拙与乡巴佬式的严肃今天依然被掩饰得很好，让人可以忍受——或说得更准确点，是被阐明和重新解释——被基督教教徒的肢体语言，以及祈祷和歌唱赞美诗所掩盖。而对于那些野蛮的酒鬼和浪荡子而言（这些人在过去的卫理公会派[①]以及最近的“救世军”的影响下学会了怎样满口仁义道德地哼哼唧唧），一种带着忏悔的痉挛感觉也许真的是他们所能达到的“人性”的最高成就：公平地说，上述的一切都应当得到人们的承认。但哪怕是在最善良的英国人身上都有一种令人不快的东西，即他们缺少音乐细胞，用个比喻来说（然而不仅仅是比喻）就是：在他灵魂与肉体的活动中缺少节奏和舞蹈，确实，甚至没有对节奏和舞蹈的渴望，没有对“音乐”的渴望。听听他们的言论；看看那些最美丽的英国女人的步态——世界上的其他国家再没有比这更美丽的鸽子与天鹅了——最后让我们听听他们的歌声！然而我要求得太多了……

① 基督教教派之一，1878 年成立于伦敦。

253

有些真理只有平庸的头脑才理解得最透彻，因为这些真理和他们情趣相投；有些真理仅仅在平庸的精神看来才有魅力和诱惑力：我们刚刚遭遇到这一或许会令人讨厌的主题，因为那些可敬但却平庸的英国人所具有的精神——我指的是达尔文、约翰·斯图尔特·穆勒[①]和赫伯特·斯宾塞[②]——即将开始在欧洲趣味的中间地带取得统治地位。的确，谁又会怀疑这样的精神偶尔占据统治地位是有益的呢？如果认为那些在他们自己道路上空翱翔的高等精神将会特别善于决定和搜集许多琐碎而平凡的论据，并会从这些论据中得出结论，那就犯了一个错误：相反，他们作为一些特例，每当涉及"通则"的时候，他们从一开始就处于不利的地位。除了仅仅获得知识以外，他们命中注定还有更多的事情要做——那就是，去成为某种新东西，去代表某种新东西，去阐释新的价值观！也许知识与能力之间的裂缝要比人们所预计的还要大，同时也更神秘：那些能够用宏大的方式做事的人，那些善于创新的人，有可能必须在知识方面有所欠缺——同时，在另一方面，对于达尔文的那一类科学发现而言，某种狭隘、枯燥和勤奋努力，简而言之，某种英国式的东西，也许并不是什么不好的性格。

最后，我们不应该忘记，是英国人与他们那种深刻的平庸，曾经导致过一次欧洲精神的全面萧条：人们所说的"现代思想"，或"十

---

① 穆勒（1806～1873年），英国逻辑学家与经济学家。

② 赫伯特·斯宾塞（1820～1903年），英国哲学家，他试图在其系列论著《合成哲学》中将进化论运用于哲学及伦理学。

八世纪的思想”，或者还有“法国思想”——换句话说，德国精神所极度反感并奋起与之斗争的那些东西——都是发源于英国；这点是毫无疑问的。法国人只是模仿和表演了这些思想；也是这些思想的最优秀的士兵；不幸的是，他们也同样是其第一批受害者，且受害最深：因为在这些该死的、带有亲英倾向的“现代思想”之上，法国人的灵魂最终已经变得如此瘦弱与憔悴，以至于今天人们几乎都带着怀疑去回想法国的十六世纪与十七世纪，回想它那深邃与热情的力量，以及它那富有创造力的高贵气质。但我们必须坚决维护历史的公正陈述，使它免于被暂时的表面现象所歪曲：欧洲的高贵品质——在感情方面、趣味方面和行为方面，总之，把这个词放在每种较高意义上来考虑——都是法国的杰作与创造；欧洲的粗俗行为，现代思想的平庸特性，都是出自英国之手。

254

甚至在今天，法国依然是欧洲精神文化最为发达的地方，也是最重要的培养鉴赏力的地方——但人们必须知道怎样才能找到这种“具有鉴赏力的法国”。那些有鉴赏力的法国人总是巧妙地把自己隐藏了起来：他们也许人数很少，“具有鉴赏力的法国”就存在于他们中间——除此之外，也许还有那些腿脚比较强健的人，这些人之中有些是宿命论者，忧郁且带着病态，有些又极其神经兮兮和矫揉造作，仿佛心中藏有野心。他们所有人都有个共同点：对于拥护民主的中产阶级所发出的那些愚蠢怒骂和无意义的吵闹，他们充耳不闻。的确，今天人们从表面上看到的只是一个已经变得愚蠢和粗俗的法国：最近，在维克多·雨果[1]的葬礼上，它又彻底纵酒狂欢了一回，趣味低级，同时又自高自大。他们同样还有另外一个共同点：坚决地抵制任何精神上的德意志化——这种事情没成功反而更好！

在这种精神笼罩下的法国，同时也是充满了悲观主义的法国，叔本华如今或许要比从前在德国的时候更加有家的感觉，更加像是本地人——更不用说亨利希·海涅[2]，他早就变成了巴黎的那些高雅而讲究的抒情诗人群体中的一分子，也不用提黑格尔，他如今正在通过丹纳[3]发挥着他那几乎是暴君般的影响力，后者是现世最重要的历史学家。然而，至于理查德·瓦格纳：法国音乐越是根据现代灵魂的实际需要来塑造自己，它就越是变得“瓦格纳化”——人们可以预料到这点——甚至现在所发生的事情已足够说明了这点！

尽管如此，法国人仍然能够自豪地提起三件事情，并把它们当做自己的遗产和所有物，以及当做自己古代在欧洲拥有高人一等的文化的不朽标志，而不用在意自己的趣味已经自觉与不自觉地德意志化和粗俗化了。首先，就是那种燃起艺术热情的能力，那种献身于“形式”的能力，由此便发明了“为艺术而艺术”这一短语以及诸如此类的许多其他短语：最近三个世纪以来法国从不缺少这类东西，这些东西使得（多亏了他们尊重“少数”）一种文学上的室内乐一次次成为可能，人们在欧洲其他地方则找不到这种室内乐。

第二件使得法国人在欧洲具有优越感的事情便是他们那古老的、

---

① 维克多·雨果（1802～1885年），法国浪漫主义时期作家，著有《巴黎圣母院》和《悲惨世界》。

② 亨利希·海涅（1797～1856年），德国诗人，自1831年之后生活在巴黎。

③ 丹纳（1828～1893年），法国哲学家和历史学家，是实证主义的一名重要支持者，著有六卷本的《当代法国的起源》。

形式多样的、有道德观念的文化，这种文化所造成的结果是，我们发现在一般情况下，甚至连那些给报纸写故事的不知名的作家和那些在巴黎林荫大道上散步的人在心理上都过于敏感，充满了好奇，然而比如说在德国，人们简直对此毫无觉察（更不用说知道事件本身！）。由此可见，德国人落下了好几个世纪的道德工作，然而就像上面提到过的，法国人对此则丝毫没有放松；因此任何说德国人“天真”的人，都是在表扬他们的一个缺点。（德国人对于心理学中的快感既无经验又一无所知，这与德国人群体中的沉闷无聊有很大的关系。通过对比德国人的这一特点，同时考虑到典型的法国好奇心和创造力在这一给人以微妙震撼的领域能有最完美的表现，人们也许会想到那一杰出的带有预见性和先驱性的人物亨利·贝尔[①]，他以拿破仑般的速度穿越了他的欧洲，作为一个探索者和发现者，穿越了欧洲灵魂的若干个世纪：为了赶上他，后人花费了两代人的努力，用尽了各种方法，才再次解开了一些使他痛苦与着迷的谜团，这个古怪的伊壁鸠鲁主义者与提问者，同时也是法国最后一位伟大的心理学家。）

目前还有第三件令他们感到优越的事情。法国人的性格里包含了一种差不多算是成功的对南北方的综合，这使他们能够理解许多东西，并能够去做某些在英国人看来完全不可理喻的事情。他们的气质周期性地接近以及远离南方，时不时奔涌着普罗旺斯[②]人与利古里亚[③]人的血液，保护他们免受那令人恐惧的北方的重重灰暗以及那些

① 亨利·贝尔（1783～1842年），笔名司汤达，法国著名小说家，著有《红与黑》。

② 法国东南部一地区。

③ 意大利西北部的一地区，濒临利古里亚海——意大利西北部和科西嘉岛之间地中海的一个海湾。

阴暗的概念鬼魂的影响，同时也免于患上贫血症——这一德国趣味所染上的疾病，为了抵抗它的肆虐，人们现在已经为自己开出了药方，带着极大的决心，用铁与血[1]，这意味着“伟大政治”（依照一种危险的治疗方法，它告诉我们等待，再等待，但迄今仍没有告诉我们任何希望）。甚至现在，人们依然会在法国发现，这个国家对于那些罕见的、难以感到满足的人表现出一种超前的理解与包容态度，这些人有着太强的理解能力，因而不能满足于任何一种爱国主义，而且知道如何身在北方，心爱南国；如何身在南方，心向北国——这些天生的中部人群，这些“善良的欧洲人”。

比才[2]的音乐正是为他们而作，这位作曲家是最后一个看到了新的美感与魅力的天才——他发现了一个音乐中的南方。

255

我觉得，应该对德国音乐多加提防。假如一个人像我这样喜爱南方，并把南方看作一个能够使最为精神上和最为肉体上的疾病得到恢复的大疗养所，看作一个拥有遮掩不住的、能够美化人心的充溢阳光的地方，每个信仰并赞美自身的人都沐浴在这种阳光之下：那么，这样的一个人便要或多或少地学会保护自己免受德国音乐的影响，因为这种音乐不仅会再次损害他的趣味，也会再次损害他的健康。

如果这样的一个并非出生在南方，但却在信仰上属于南方的人梦想着音乐的未来，他就必须同时也梦想着把音乐从北方拯救出来，在

① 即俾斯麦的“铁血政策”。

② 比才（1838～1875年），法国作曲家，尤其闻名于其歌剧《卡门》。

他的耳中就必须回荡着一种更为深刻、更为有力，也许还更为邪恶与神秘的音乐之序曲，一种超越了德国的音乐，它不会一见到那令人感官舒畅的蔚蓝大海以及地中海那明亮的天空就逐渐减弱，也不会逐渐发黄，然后又变得灰白，就像所有的德国音乐那样——一种超越了欧洲的音乐，它甚至在面对着沙漠昏黄的日落之时也能不减其势，这种音乐的灵魂与棕榈树有着共同之处，它能保持舒适自在的样子，知道如何去徜徉漫步于那些庞大、漂亮和孤独的食肉猛兽之中……

我能想象得到一种音乐，它那最可贵的魅力就在于它不再知道什么是善与恶，而只是偶尔有一些水手的思乡之情、一些金色的阴影和轻微的虚弱从它的表面掠过——它是这样一种艺术，远远望去可以看到一个正在沉没的、几乎不可理解的道德世界的色彩正在朝它飞奔而去——而它将会以一种非常热情、非常深奥的态度来迎接这些迟来的避难者。

256

由于民族主义疯狂所导致和正在导致的欧洲各民族之间那种臆想中的疏远之感；同时也由于那些目光短浅、处事轻率的政客，他们在此类疯狂的帮助下爬上了今日的高位，丝毫也没有意识到他们的分裂主义政策将必然仅仅是一种暂时的政策；由于所有这些原因以及目前无法说明的许多其他理由，人们现在忽略了，或主观地、不够诚实地重新解释了那一最为明确的征兆——欧洲渴望变为一体。

在本世纪所有较为深刻、理解力较强的人身上，他们灵魂从事的神秘工作所遵循的全部路线，便是为这种新的统一铺好道路，并尝试着对未来的欧洲人作出预测：他们只有在表面上或是在比较虚弱的时候，比方说年纪大了的时候，才会隶属于“祖国情感”——当他们变成“爱国者”的时候，他们只是想得到一些休息。我认为属于此类的人有拿破仑、歌德、贝多芬、司汤达、亨利希·海涅、叔本华；如果我把理查德·瓦格纳也包括在他们里面，请不要反对，因为人们在评价他的时候不应被他对自己的误解带入歧途——他这类天才很少有权利理解自己。当然，更不要被法国人现在借以封锁他和抵制他的那一片无礼的喧嚣声所欺骗：尽管如此，仍不能否认那一事实，即瓦格纳与四十年代的法国后期浪漫主义相互之间有着紧密而密切的联系。在他们所需要的所有高度与深度方面，他们是相同的，从根本上说是相同的：正是欧洲，那统一的欧洲，其灵魂汹涌澎湃，渴望通过多种多样、激情四溢的艺术来走得更远，飞得更高——往何处去？进入一片新的光明？朝向一个新的太阳？但谁又能够准确无误地表达出所有这些新语言方式的大师们都未能准确表达的东西？可以确定的是，同样的风暴与重压正折磨着他们，他们也以同样的方式在进行探索，这些最后的伟大探索者们！

在他们所有人的眼睛和耳朵里，文学都占据了统治地位——他们是第一批沉浸在世界文学里的艺术家——而且他们之中的大多数人自己本身就是作家和诗人，是调解和混合艺术与感官的人（作为音乐家，瓦格纳应被归入画家一类；作为诗人，他又应被看作音乐家；作为一般意义上的艺术家，他又像是演员）；他们所有人都是“不惜任何代价”也要表达自己思想的狂热分子——我应该着重强调德拉克洛瓦[①]，他与瓦格纳的关系最为密切——他们所有人在崇高领域，以及

① 德拉克洛瓦（1798～1863年），法国浪漫主义画家，以他大量的、富有激情的油画和丰富色彩的使用而闻名，如《希俄斯大屠杀》和《自由领导人民》。

在丑恶与可怕的领域内，都是伟大的发现者，同时在有关视听印象、展示和橱窗展示的技巧方面，他们则是更伟大的发现者——他们所有人的才华都远远超出了他们的天赋——都是百分之百的鉴赏家，可以通过神秘的方式来了解一切诱人的、迷人的、支配人和颠覆人的东西；都是逻辑与直线的天生的仇敌，渴求着异邦的、奇异的、可怕的、扭曲的与自相矛盾的事物；作为人类，作为意志上的坦塔罗斯[①]，作为成功的平民，他们知道自己无论是在生活还是工作中都无法保持一种贵族般的缓慢速度——比如说，巴尔扎克[②]——他们是放纵不羁的工作者，在工作中几乎毁灭了自我；都是反对律法的信徒和反对风俗习惯的叛逆者，充满了野心，贪得无厌，不知道保持平静心情，也不知道什么是享受；他们所有人最终都会崩溃和倒塌于基督的十字架面前（理应如此：因为他们当中有谁又足够深奥，有足够的原创精神，来创造出一种反基督的哲学呢？）——总的看来，他们是一类大胆无畏的、充满暴力的高等人群，在一飞冲天的同时又毁灭了他人——他们必须首先告诉他们的世纪——这是一个大众人群的世纪！——告诉他们什么是“高等人”……

让理查德·瓦格纳的那些德国朋友思考一下，看看瓦格纳的艺术中有没有什么东西完全是属于德意志的，或者看看它那显赫声望是否恰恰来自于超越德意志的根源与本能。我们不能低估巴黎对他这类人的发展有多大的重要性，在决定性的时刻，他的本能所具有的深度指

---

① 希腊神话中的一位国王，因其犯过罪而被打入阴间并被罚站立在水中，当他想去饮水时水即流走，其头上挂有水果，但当他想拿水果时却退开。因而他永远都会受到引诱，但其愿望却始终得不到满足。

② 奥诺雷·巴尔扎克（1799～1850年），法国作家和现实主义小说奠基人，他在作品集《人间喜剧》中描述了法国社会生活的全景。

引着他走向巴黎。仅仅只有当他看到了法国社会主义者的样板时，他的整个行为举止与自我使命才会使其自身得到完善。也许在经过了一番更加仔细的比较后就会发现，令理查德·瓦格纳的德意志本性感到光荣的是，他在各方面的所作所为比一个十九世纪的法国人所能做到的任何事情都要更加强大、更加勇敢、更加困难和更加高贵——这多亏了我们德国人目前比法国人更加接近于野蛮状态。也许瓦格纳最杰出的作品不仅是在今天，而且是永远都无法被已发展得如此成熟的整个拉丁种族所理解和模仿，它超出了他们的感受能力之外：齐格弗里德①这一人物，这一非常自由的人物，也许确实太自由了、太强硬了、太快乐了、太健康了、太反对天主教了，让古老而稳健的有教养的民族无法适应。他也许甚至成为了一种违反浪漫主义的罪恶，这个反浪漫主义的齐格弗里德：那么，瓦格纳在其忧郁的晚年不仅仅是偿还了这一罪恶——当他预料到了从此人们的趣味将转向政治方面的时候——他用他那特有的宗教热情，至少是开始宣扬通向罗马之路，如果说他尚未走上这条路的话。

为了避免这最后的几句话遭人误解，我将借助于几句强有力的韵文，它们会向那些稍显迟钝的耳朵吐露我的心中所想——我的想法与“已故的瓦格纳”以及他的《帕西法尔》音乐截然相反：

——这还属于德意志吗？——
是否从德国的心灵里，迸出了这声狂暴的尖叫？
是否从德国的身体中，激发了这一自我的撕咬？
它是否来自德国，这种牧师般的矫造，

① 齐格弗里德是瓦格纳的歌剧《尼伯龙根的指环》中的男主人公。

这种带着熏香的、沉湎于感官之乐的布道?
它是否来自德国，这种蹒跚、摇晃和摔倒，
这种如此模糊的、响铃般的吵闹?
这一修女的媚眼，钟声里那颂赞的祈祷，
这一充满虚假狂喜的整个天堂，在上方笼罩?
——这还属于德意志吗?——
你仍然伫立在门口，心中满是迷茫?
三思吧！你听到的是罗马——罗马直觉上的信仰。

第九章　什么是高贵

257

至今为止“人”这一种类每一次得到提升，都是贵族社会的功劳——而且这种情形将一次次地反复出现——贵族社会相信人与人之间存在着许多不同的等级差别和价值差异，认为在某些意义上奴隶制度是必需的。如果没有从各社会阶层之间的本质差异中产生出来的那种距离痛苦——当统治阶级总是漠视和鄙视其臣民和工具，同时又不断地进行命令与服从的训练，进行镇压与保持距离的训练的时候，这种痛苦就随之而生——也就不会产生另一种更加神秘的痛苦——渴望不断扩大灵魂本身范围内的距离，渴望逐渐形成更为高级、更为稀少、更为孤傲、更为广阔、更为深奥的心态——简而言之，在超越道德的意义上用一句道德术语来说，就是“人”类的提升，连续不断地进行“人的自我超越”。

可以肯定的是，在贵族社会起源的问题上（因而也是在“人”类提升的前提条件是如何得来的问题上），人们不应该屈服于人道主义的幻觉：真相是残酷的。在不带有任何主观情感偏向的情况下，让我们看看迄今世界上每一种较为高级的文明都是怎样起源的！那些本性仍然处于自然状态的人，那些十足的野蛮人，那些食肉的人，他们依然被意志的天然力量与追求权力的欲望所控制，于是便扑向那些更加弱小的、更加开化的、更加爱好和平的种族，也许是些商人或饲养牲畜的人，或是扑向那些成熟而古老的文明，这些文明最后的生命力甚至就在那一精神与堕落的壮丽焰火中骤然爆发，然后灰飞烟灭。起初，贵族种姓都是野蛮人的种姓：他们的优势主要不在于身体力量，而是在于精神的力量——他们是更为完整的人（这也在任何层面上都意味着“更为完整的野兽”）。

258

腐化堕落，这个词表示各种本能都呈现出一种危险的混乱状态，也表示各种感情所赖以存在的基础，那被称为“生命”的东西，已经发生动摇了：腐化堕落，如果它发生在不同的主体上，将会是完全不同的东西。比如说，一个贵族，就像大革命开端时的法国贵族那样，带着一种崇高的厌恶感放弃了他的特权，沉湎于自身道德情感的泛滥之中，这就是腐化堕落；这实际上只不过是那一长达数世纪的堕落过程的最后一幕，这种堕落使得贵族一步步放弃了他们的政府特权，从而降低了自己的地位，仅仅作为君主政体中的一个角色而存在（最终甚至降格成为了纯粹的装饰与样品）。然而，一个优秀而健康的贵族的本质特点却是，他不是把自己看作一个角色（无论是在君主国还是在共和国里），而是看作国家的意义和最高理由——因此他就会天经地义地接受无数人的牺牲，这些人为了他的缘故就必须降级和降低成为不完整的人，成为奴隶，成为工具。他们的根本信念必须仅仅是，社会不能是为了社会自己而存在，而只是作为一个底座和平台，在此之上，精英人群可以把自己升高至更高的任务，成为更高级的存在——正如爪哇岛上那些追逐太阳的攀缘植物一样——它们被人称作西波·马塔多尔——它们经常长久地用其卷须紧紧抱住一棵橡树，直到最后远高于它，但却被它所支撑，于是它们便能够在充溢的阳光里展开它们的花冠，显露出它们的幸福。

259

避免互相伤害、避免互相施暴、避免互相剥削，并把自己的意志与别人的意志放在同一水平线上——在某种粗略的意义上，这也许就会成为个人之间的礼貌行为，如果条件合适的话（这就是说，如果这些人在力量和价值标准上确实很相似，并且在总体上属于同一个团体）。但一旦这一准则被拓宽，甚至有可能是作为社会基本准则而为人所接受下来，它便立刻现出了原形——一种想要否定生命的意志，一种瓦解和腐烂的准则。

在这里，我们必须小心避免流于肤浅，必须认识到这一问题的本质，抵抗一切情感上的弱点：生命本身在根本上就是占有、伤害、征服异族和弱者；以及镇压、严酷、用自己的行为对别人施加影响、同化以及在其程度最轻微的情况下，至少是剥削——这些词语自古以来就被打上了诽谤意图的烙印，但为什么人们总是要使用它们呢？

甚至那一内部个体之间彼此平等相待的团体，就如前面所说的那样——每一个健康的贵族团体都是这样——如果它是一个充满生机的团体，而并非是行将就木，那么它就不得不对其他的团体做出那些它的内部个体彼此之间所竭力避免的行为：它将不得不表现出权力意志，它将会努力成长、扩张、夺取和变得具有优势——并非因为什么道德或不道德的驱使，而是因为它是活的，因为生命就是权力意志。但在这一点上，欧洲的普通意识比在其他任何地方都要抵制教导：到处人们都在热情洋溢地谈论即将到来的社会状况，甚至是打着科学的幌子，说在未来社会里“剥削这一方面”将不复存在——在我听来这仿佛就是，他们承诺将创造出一种生活方式，这种方式会免除生命所有的组织功能。“剥削”并非属于一个腐败的社会，或不完善的、原始的社会：它属于有生命之物的本质，作为其一个基本的组织功能；它是权力意志所导致的结果，而权力意志从根本上说就是生命意志。

倘若这在理论上是一种创新——那么从现实方面来看，它却是所有历史的基本事实：人们至少应该在这个范围内以诚实的态度对待自己！

260

徜徉于许多较为高雅与较为粗俗的道德之间（这些道德迄今都曾经流行于世，或是依然在流行），我发现某些特点反复有规律地同时出现，而且它们彼此之间联系密切——直到最后我发现了两种基本类型和一种基本区别。

它们就是主人道德和奴隶道德——我要立刻补充一句，在所有较为高级和更加混合的文化中，也有人试图调和这两种道德，但在更多的时候这两种道德却是互相渗透，彼此误解，有时它们又恰好同时发生，互相并列——甚至是发生在同一个人身上，在同一个灵魂里。道德价值的区别要么是来自于统治阶级，他们很高兴地意识到自己与被统治阶级不同——要么是来自被统治阶级，来自于各种程度上的奴隶与受赡养者。

在第一种情况中，当统治阶级决定什么是“善”的时候，他们那种兴奋的、骄傲的灵魂状态便被看作是赋予荣耀和决定等级秩序。高贵的人把自己与另一些人区分开来，在这些人的内心里表现出的是与这种兴奋的、骄傲的状态相反的东西：他鄙视这些人。需要立刻加以注意的是，在这第一种类型的道德中，“善”与“恶”的对立大约就等同于“高贵”与“可鄙”的对立（“善”与“恶”的对立有着与其不同的来源）。人们鄙视胆小者、焦虑不安者、卑劣者和目光短浅者；同样也鄙视眼光拘束的多疑者、那些自我贬抑者、甘于受虐待的那些狗一般的人、摇尾乞怜的谄媚者，尤其是说谎的人：所有贵族的一个基本信条就是，普通百姓喜欢说谎。“我们这些诚实的人”——古希腊的贵族就这样称呼他们自己。

显然，无论在什么地方，道德名称都是首先运用于人身上，只有到了后来才引申开来，被运用于行为。因此，当道德历史学家从比如说“为什么怜悯行为应该受到称赞”这类问题出发的时候，他们就犯了大错。人类中的高贵者把自己看作是决定价值观的人；他不需要别人的批准；他认为“凡是对我有害的东西，其本身即有害的”；他知道，是自己首先为事物授予了荣誉；自己便是创造了价值的人。他尊敬他所知道的属于自己的一切：这样的一种道德观就是自命不凡。处于最显著地位的便是丰富的感情、那想要流露出来的强力感情、那高度紧张的幸福感、那想要给予和赠送的财富意识：因而高贵的人也会帮助不幸者，但他们却不是，或几乎不是，出于同情，而更多的是由于他们拥有过多的权力而促成的。高贵的人把自己尊为有权力的人，并且能够控制自己，知道怎样说话和怎样保持沉默，以用严厉与苛刻地对待自己为乐，而且对所有严厉与苛刻的行为报以敬意。“沃坦[①]在我胸中安放了一颗坚硬的心。”古斯堪的纳维亚的一则传奇这样说道。一种合适的诗歌表达方式，它从一个骄傲的维京人灵魂里唱了出来。这样一种类型的人实际上为自己天生不善于同情而自豪，因而那位传奇中的英雄又补充了一句，作为警告：“如果这颗心在年轻时没有硬过，它将永远不会变得坚硬。”带有这种想法的那些高贵而勇敢的人，与那种把道德之特点看做是怜悯，或为他人做事，或大公无私的道德观，保持着最为遥远的距离；信仰自己，为自己而自豪，以及在根本上对“无私”怀有敌对与反讽的态度，这些与那对于同情心和“热诚”怀有的轻微的鄙视与谨慎态度一样，都明显地属于高贵道德。

正是那些强有力的人才懂得怎样给予他人荣誉；这是他们的艺术、他们的创造领域。深深地敬重古代与传统——所有的法律都依赖于这一双重的尊敬——信仰与偏爱祖先，同时又不相信、厌恶后来的人，此即典型的强有力者的道德；与此相反，当那些具有“现代思想”的人几乎是本能地相信“进步”与“未来”，对古代越来越缺乏尊敬的时候，这一现象本身就充分地暴露出了这些“思想”的卑贱出身。

不过，统治阶级的道德让当今的趣味感到最为陌生和最为窘迫的地方，在于它所具有的那一严厉原则，即人们仅仅对与自己地位相当的人负有责任；针对等级较低的人，针对一切外族的东西，人可以想

① 德国神话中最高级的神，宇宙和人类的创造者。

怎样就怎样，或是“遵照内心的意愿”而做事，在任何情况下都可以“超越善与恶”——在这里，同情以及其他类似的感情找到了自己合适的位置。长期感激和长期复仇的能力与责任——这两者都只限于与自己地位相当的人之中——用来报复他人的巧妙手段、复杂的友谊观念、某种树敌的需要（就好像排水沟，为了排泄嫉妒、争吵、自大的情绪——归根到底是为了能够成为好朋友）：所有这些都是贵族道德的典型特征，这种道德就如同前面所说的那样，并非是“现代思想”的道德，因此很难在今天为人所了解，也同样很难被发掘与揭露出来。

第二种道德类型，即奴隶道德，则与此不同。设想一下那些受侵犯者、受压迫者、受难者以及无自由者，他们对自己都不确定，疲惫不堪，也来谈论道德：他们的道德评价又会有怎样的共同之处呢？也许，他们会表达出一种对于人类总体状况的悲观主义的怀疑，也许会表达出对人类与其状况的谴责。奴隶的眼睛并不喜欢强有力者的道德：他充满了怀疑与疑虑，而且是更为微妙的疑虑，他不相信统治者所推崇的所有的“善”——他更愿意使自己相信，甚至连那里的幸福都不是真实的。相反，则会涌现和大量充斥着那些能够让受苦受难者生活得轻松一些的品质：这里的人们推崇同情心，推崇殷勤而乐于助人的手，推崇热诚的心，推崇耐心、勤奋、谦逊和友好的性格——因为在这里，这些是最有用的品质，也几乎是忍受生存压力的唯一手段。奴隶道德从根本上说是注重功利的道德。

那著名的“善”与“恶”的对立便起源于此：人们的感情把权力与危险性看作是恶，把不容轻视的某种恐惧、精明和力量看作是恶。因此按照奴隶道德，会制造出恐惧的都是那些“恶”人；而按照主人道德，正是“善”人导致了，或是希望导致恐惧，同时“坏”人则让人觉得可鄙。

按照奴隶道德的逻辑后果，这一道德中的“善”最终也会遭受到某种鄙视——也许只是轻微的、善意的鄙视——那么这一对立便达到了其顶点，因为在奴隶的思维方式中，善人就必须变得没有任何危险性：他是一个性情温和，易受欺骗，也许还有点愚蠢的好人。无论奴隶道德在哪个地方占据了优势，语言都会倾向于把“善”和“蠢”这两个词语相互联系得更加紧密。

最后的一个基本区别：那对于自由的渴望、那追求幸福的本能以及那自由情感的微妙之处，这些对于奴隶道德和奴隶品行而言都是必不可少的，就如同巧妙而狂热的崇敬之情和献身精神乃是贵族思维方式与价值标准的常规征兆一样。

这就解释了为什么作为一种激情的爱——这是我们欧洲人的特征——就必然有其高贵的血统：众所周知，它肯定是由那些普罗旺斯的诗人骑士所发明的，那些崇高的、富有创造力的、拥有“快乐的科学”的人们，欧洲从他们那里得到了如此众多的东西，几乎连欧洲自身都要归功于他们。

261

在所有事物当中，让高贵的人觉得最难以理解的或许就是虚荣：在其他类型的人觉得虚荣是最为明显的事物的地方，他却倾向于否定虚荣的存在。对他而言，问题在于他很难想象有些人会想要给自己创造一个其本身所没有的好评价——因而他们也就不“值得”这样的评价——尽管如此，他们自己却最终相信这样的好评价。这让他半是觉得那些人趣味低下，缺少自我尊重，半是觉得他们自我装饰得太荒唐，以至于他更愿意把虚荣看作是一种例外，并且在大多数情况下，当人们谈到虚荣的时候，他都会表示怀疑。

打个比方，他会说："我也许把自己的价值估计错了，除此之外还要求别人承认我自己所解释的自己的价值——但这却并不是虚荣（而是自负，或者更常见的是，人们所称之为'谦逊'或'谦虚'的东西）。"或者他会说："出于多种原因，我会很高兴听到别人对我的好评价：也许这是因为我尊敬、热爱他们，他们的一切欢乐也让我觉得欢乐；或许也是因为，他们的好评价使我坚定、增强了对自己的好评价所怀有的信心；有可能是因为，别人的好评价，即使在我并不赞同的情况下，仍然对我是有用的，或者承诺在今后会变得对我有用——然而这一切都不是虚荣。"

在历史的帮助之下，高贵的人必须促使自己认识到，从远古时代以来，在所有具有某种依赖性的社会阶层之中，普通人都只是一种被给定的东西：他根本不习惯于自己确定价值，同样，除了他的主人给予他的价值以外，他没有给予自己任何其他的价值（创造价值是主人特有的权利）。

以下情况也许会被理解为一种影响深远的返祖现象的结果：甚至在当前，平凡的人仍然在等待对于他自己的评价，然后他便从本能上服从于这一评价——但这绝不仅仅是一个"好的"评价；同样也有可能是一个坏的或是不公正的评价（比如说，想一想那些虔诚的女人从她们的忏悔神父那里，以及那些虔诚的基督教徒主要从他们的教会那里所获得的绝大部分自我评估和自我贬低）。

伴随着逐渐出现的民主秩序（其起因在于主人们和奴隶们的联姻），那种想要自己决定自己的价值，以及想要对自己“评价很高”的原本高贵而又稀少的强烈愿望，实际上在今天便会越来越受到鼓舞，得到传播；但这种愿望却总是被一种更加古老、更加广大和更加根深蒂固的倾向所阻挠——在“虚荣”这一现象中，这种更加古老的倾向控制了那较为年轻的愿望。爱慕虚荣者从他所听到的每一句对自己的好评中都得到了快乐（完全不去思考这句好评对他有没有用处，也不考虑其到底是真还是假），就如同每一句对他的坏评价都会让他感到痛苦一样：因为他服从于每一句评价，他感到自己从属于它们，同时那最古老的屈服本能也在他内心之中爆发了。

正是爱慕虚荣者血液之中的“奴隶性”，一种奴隶般的精明狡猾所留下的残余物——比如，在女人身上依旧残留了多少“奴隶性”！——试图诱使人们去争取对自己的好评；也正是这一奴隶随后又立即自己拜倒在这些评价面前，仿佛并非是他导致了它们的出现。

因此我再次重申：虚荣是一种返祖现象。

262

一个物种的形成，一个种类变得确定和强大，都是经过了与本质上始终不变的不利条件所作的长期斗争。与此相反，我们从饲养者的经验中可以知道，获得了过于丰富的营养以及在大体上受到了太多保护和照料的物种，很快便会极其强烈地使自身种类趋向多样化，产生大量奇异和畸形的变种（包括许多极其恐怖的罪恶）。

现在暂且把一个贵族共和国——比方说，一个古希腊城邦，或威尼斯——看作是（无论是主动地还是被动地）培养人的场所：在那里，人们都集中在一起，同时又必须依靠他们自己，想要使自己的种群发展壮大，这在最通常的情况下是因为他们不得不发展壮大，否则就要面临被灭绝的巨大危险。那里缺少产生变种的有利条件，得不到过多的恩赐、空间以及庇护；那些人种必须自己成为一个种类，成为能够占据优势和使自己能够持久稳定的东西，仅仅借助于自己的坚强性、一致性以及在形式上的简单性，与其邻国，以及那些进行叛乱的，或有叛乱威胁的受压迫者展开长期不断的斗争。多种多样的经历使得他们明白了，主要是他们身上的何种品质，让他们在所有的神与人都已被消灭之后还依然存在，并且让他们总是战无不胜：他们把这些品质称为美德，他们所培养出来的仅仅就是这些美德。他们极其强硬地做着这件事情，确实，他们所希望的就是强硬；每一种贵族道德都是偏执的——在教育年轻人方面，在他们管理女人方面，在他们婚姻习俗方面，在老人与年轻人的关系方面，在他们的刑事律法方面（它只注意那些违反社会常规的人）——他们把偏执本身也看作是一种美德，并将其称为“正义”。

像这样，一类拥有少量但却非常明显的特征的人，一种严厉的、好战的、谨慎地保持沉默的人，他们同时又闭紧嘴巴，相互之间联系紧密（同样，他们拥有最为敏锐的感觉，能够感受到人际交往的魅力和细微差别），这类人不受世代替换的影响，而得以确定下来，立足于世；正如前面所提到的，那种与永恒不变的不利条件所作的从不间断的斗争，乃是确立一个种族并使其稳定下来的原因。

然而，终究会有一天，人们的状况会变得更加幸福，那巨大的紧张感也会逐渐缓和；也许在人们周围将不再出现任何敌人，他们的生活方式，甚至是生活中的享受，也会变得极其丰富。在顷刻之间那古老原则的约束和束缚便土崩瓦解了：它不再被看作是必然性，不再是生存的条件——如果它仍要继续存在，它就只能作为一种奢侈的装饰，一种仿古的趣味。变种，无论是脱离常态的变种（变得更高级、更深奥、更珍贵）还是堕落和畸形的变种，都会在那最为伟大的丰富与壮观之中出现；个体便敢于成为个体，变得与其他成员不同。

在这些历史的转折点上，我们会看到一种壮观的、多种多样的、如森林一般的生长和向上奋斗，看到一种以热带的速度而进行的生长竞争，以及一种惊人的毁灭和自取灭亡，这三者一个接一个地出现，但通常则是相互关联，彼此纠缠在一起。这是由于那彼此相对抗的，几乎是彼此之间相互搏斗的各种野蛮的利己主义，互相推搡着要“争夺太阳与光线”，于是无法再从他们以前的道德中得到任何限制、约束以及需要考虑的因素。正是这一道德本身控制了这样巨大的力量，用如此带有威胁的方式拉满了弓；如今它才会“过时”。现在达到了一个危险而又离奇的点，在那里，那更为伟大、更为多样、更为全面的生活将会超越旧的道德，存在于其上；“个体”将会出现，并且将被迫为自己制定法律，被迫创造出属于自己的技巧与计谋来实现自我保存、自我提高和自我拯救。

各种各样的新的目的和手段；不再有任何共同的准则；误解与无礼结为了一体；衰败、腐烂以及最高级的欲望令人讨厌地纠缠在了一起；从所有善与恶的丰饶之角中涌现出了民族的天才；春天与秋天灾难一般地同时出现，充满了新的魅力和掩饰，从而成为了那一尚属早期的、仍旧不知疲倦、不想停止的腐败之标志性特征。在那里，危险会再次出现，道德的源头，巨大的危险，这一次就被置换到了个体之中，置换到了邻居与朋友之中，置换到了小巷里，置换到了人们自己的孩子身上，置换到了人们自己的心里，置换到了愿望与意志那最为隐私与秘密的幽深之处：在这个时代所出现的道德哲学家们，现在又有什么东西可以拿来宣讲呢？

这些敏锐的观察者和游荡者们发现，结局正在迅速地靠近，他们周围的一切都已腐烂，或是正在腐烂，没有什么东西可以延续到后天，只除了一类人，即那些无可救药的平庸之辈。仅仅只有平庸者才有机会延续他们的种群，并得以繁衍——他们是属于未来的人，这些仅有的幸存者；"变得像他们一样！变成平庸者！"这便是现在仍然有意义，仍然能够吸引听众的唯一道德。

但这种平庸的道德却很难被宣讲出来：毕竟，谁也无法承认它是什么以及它想要什么。它必须谈论到节制、尊严、责任与邻人之爱——它将会发现很难掩饰住它自身所包含的讽刺意味！

263

有一种想要追求社会地位的本能，与其他一切东西相比，这种本能是一种身处高位的标志；还有一种乐趣，存在于崇敬之情的细微差别之中，由此可以推断出高贵的血统和习惯。一个灵魂的优雅、仁慈与高度将会受到危险的考验，如果有某种一流的东西从它身边经过，同时这种东西又还没有受到令人战栗的权威的保护，而免于被莽撞的努力与才能所损害的话——某种以偷偷摸摸、不为人知和试探性的方式前进的东西，也许还具有多变的隐藏手段和伪装，就好像一块活的试金石。任何想要考察灵魂的人的责任和工作之中都包含了这种东西，他们将会以多种多样的形式利用这一手法来确定一个灵魂的终极价值，以及它所属的那无法改变的、固有的等级秩序：他将按照灵魂的敬畏本能来检验它。

差异产生出了仇恨：每当看到别人带着一些上了锁的庙堂里所藏有的神圣器皿和珍贵物品，以及一些带有伟大命运标签的书籍从自己面前经过的时候，某些人的卑贱本性便会在刹那间如同脏水一般地喷射出来；在另一方面，也会从本能上保持沉默，目光变得迟疑，一切动作都顿时停止，表现出一个灵魂感受到了最受尊敬的事物正在靠近。在欧洲，人们至今为止在大体上所保持的尊重《圣经》的方式，或许就是欧洲从基督教那里接受到的有关于行为举止的训练与培养的最好例子：这样深奥的、具有最终意义的书籍需要得到某些来自外部的专制权威的庇护，才能够在世上存在数千年，只有经历如此之久的时间，人们方能完全理解和领悟它们。

一旦最终在大众之中（在肤浅之人当中，以及在每一类人那高速运转的肠子里面）培养出了那种感情，即他们不能接触到一切东西；在神圣的体验面前，他们不得不脱掉鞋子，把他们的脏手放得远远的，那么人们将会收获颇多——这便朝向人性迈出了几乎是最伟大的一步。与此相反，也许在那些所谓的受过教育的人和信奉“现代思想”的人身上，最让人恶心的莫过于他们不够谦虚，莫过于他们在触摸、舔尝与拨弄每样东西的时候，眼睛和双手都带有一种随心所欲的傲慢；有可能甚至是在普通人中间，在受教育较少的人，特别是农民中间，人们今天会发现，与那些以读报度日的半上流社会人群、那些有教养的人相比，这里存在着更多较为高尚的趣味和较为得体的尊敬态度。

264

人们不能够从一个人的灵魂之中抹去其祖先最喜欢做的和最经常做的事情：比如说，无论其祖先是勤奋节俭的人，是桌子和钱箱的附属物，欲求适度，像是小市民，在德行上也要求不高；还是他们已经习惯于一天到晚发号施令，喜欢粗野的娱乐，也同样喜欢或许甚至是更加粗野的义务和责任；或是最终在某种程度上，他们牺牲了出身和财产方面的古老特权，为的是做到完全为了他们的信仰而生活——为了他们的“上帝”——成为具有无情而又敏感的道德心的人，会为每一次良心上的妥协而脸红。一个人身上原本不应该有他的父母和祖先所具有的品质和爱好，但这简直就是不可能的，无论他在表面上显得与他们多么的相反。这就是种族的问题。

如果人们了解了父母的一些特点，就可以推断出他们的子女的情况：任何令人生厌的放纵行为，任何隐藏着的嫉妒心，以及一种固执己见，认为自己永远是对的——这三者合在一起便构成了庸人的典型类别——这种东西就如同腐败的血统一样，必然会遗传给孩子；在最好的教育的帮助下，针对这样的遗传，人们最多也只能进行欺骗。

今天的教育和“文化”还能有什么其他的目标？在我们这个充满了大众思想的——庸人的——时代，“教育”和“文化”不得不在本质上成为一种欺骗的技巧——关于人们的出身，关于一个人的身体与灵魂中所继承下来的平庸本性。今天的教育家宣扬诚实高于一切，并不断地鞭策他的学生们：“要诚实！要自然！不要伪装！”——甚至连这样一个品德高尚、坦率正直的傻瓜都在不久之后学会了用贺拉斯[①]的草耙来驱赶自然：后来结果又如何呢？“平庸”便总是跑了回来。

265

冒着惹怒那些天真单纯的耳朵的危险，我主张：利己主义属于一个高贵灵魂的本质特点——我的意思是指一种不可动摇的信念，即，其他的人必须从本能上服从于像“我们”一样的人。高贵的灵魂不带有任何怀疑地接受了利己主义这一事实，同时也丝毫没有感觉到它中间也许包含了刻薄、拘束，或是任性的因素，而是把它当做某种有可能是建立在事物的基本规律之上的东西：如果要给这一事实取个名字的话，他会说：“这就是正义本身。”也许在某些刚开始让他迟疑不决的条件下，他会承认有些人拥有与他自己相同的权利；一旦这一等级问题被解决了，他便行走于这些与其地位相等的人之中，和他们享有同样的特权，并显示出谦虚的自信以及得体的尊敬，就像他在处理与自我的关系时所表现的那样——按照一种与生俱来的天空一般的机制，所有的星星都能理解这种机制。这只不过是他那利己主义的另一方面，这种与其地位相等的人的关系中所包含的精巧策略和自我约束——每颗星星都是这样的利己主义者——他通过那些地位相当的人，通过让予他们权利，来实现对自己的尊重；他毫不怀疑，相互交换敬意与权利，乃是符合一切社会交往本质的行为，因而也就属于事

① 贺拉斯：古罗马抒情诗人。他在其《书信集》中写到：“试图用一柄草耙来驱赶自然，但它总是又跑了回来。”

物的自然状态。

高贵的灵魂，在其内心深处那种充满激情而又狂躁易怒的报答本能的驱使下，既给予又索取。“恩惠”这一观念在地位相等的人之间没有任何意义和好名声；也许有一种崇高的方式，可以让上天的礼物落到人们的身上，就好像雨露一般，可以使人们痛快地喝个够——但高贵的灵魂却没有天赋来运用这种手法和姿态。他的利己主义阻碍了它这样做：从总体上说，他不喜欢“向上”看——而是要么就沿着水平方向、慢慢地向前看，要么就是向下看：这样他就知道了自己已处于一定的高度。

266

“人们只能把最真实的崇高敬意给予那些不为自己考虑的人。”——歌德对拉特·施洛塞尔[①]说道。

267

中国人有句格言，甚至连母亲都会教育孩子：要小心[②]——“把你的心变小一点!”这便是当代文明的典型基本特征：我丝毫不怀疑，一位古希腊人也同样会在我们这些现代的欧洲人身上发现这样的自我降低；单单这一点就足够让我们“引起他的反感”了。

---

① 拉特·施洛塞尔（1739～1799年），普鲁士官吏兼作家，与歌德关系密切。

② 原文为汉语“小心”的译音：siao－sin。

268

归根到底，什么叫做平凡？

词语是观念的发声符号；然而，观念则是经常重复出现并相互关联的感觉以及感觉群体所具有的或多或少明确的图像符号。如果想要彼此理解对方，仅仅使用相同的词语是不够的；人们还必须使用相同的词语来描述内心体验的相同类型；最终，人们还要必须拥有共同的生活体验。

因此，同一个民族内部的人之间，要比不同民族的人之间更容易互相理解对方，哪怕后者使用的是同一语言；或者更准确地说，假如人们已经在相同的环境下（相同的气候、土壤、危险、需求以及工作）共同生活了很长的时间，其结果便形成了一群“能够相互理解”的人——形成了一个民族。在所有的灵魂中，如果数目相等的话，那些经常重复出现的体验就已经压倒了那些较为不常见的体验：在前一些体验的基础上，一个人能迅速地理解其他人，而且还会越来越迅速——语言的历史就是一种缩写过程的历史——并且，在这种迅速理解的基础上，人们之间的联系也越来越密切。

所遇到的危险越大，人们也就越需要迅速而没有障碍地达成共识，决定该采取怎样的措施；在危急的时刻不要相互误解，这正是人们在交往过程中不得不考虑的问题。在每一种友谊与爱情之中，人们仍然在进行这一检验：一旦有一方发现其同伴用相同的词语来描述另一种感情、目的、细微差别、欲望以及恐惧，那么他们之间的这种关系就不复存在了。（对“永远的误解”怀有的恐惧——这便是那位善良的守护神，它通常阻止不同性别的人们太草率地互相依恋，尽管他们的感官和情感促使他们这样去做——是这位天才，而不是某些叔本华式的“种族的守护神”！）

在一个灵魂之中，哪种感觉群体被唤醒得越快，表达出来得越快，以及下命令下得越快，哪一感觉群体就对其价值的等级秩序具有决定性意义，并最终决定了这一灵魂需要哪些东西。一个人的价值观暴露了其灵魂的某些结构，以及它在何处找到了其生活条件和其真正需要的东西。

其次，假设出于需要，在一切时代，仅仅只有那些使用相同符号，具有相同要求和体验的人才能够彼此靠近，聚在一起，那么其结果在大体上便是，人们的需要会很容易得以传播开来——最终这意味着只有普通的体验和共同的经历——并且这绝对是一切力量中最强大的力量，在它的安排下，人类才得以成为今天这个样子。那些较为类似、较为普通的人已经拥有了并且是一直拥有一种优势；那些更加优秀、更加聪明、更加独特和更加难以被理解的人，往往始终是孤身一人，死于偶然事件，与世隔绝，极少能够得以繁衍。人们必须借助于巨大的反对力量，才能够越过这一自然的、实在是太自然的同化进程，越过人类的这种持续不断的发展，这一发展会使人们变得相同、平庸、普通、喜欢群居——使人们变得平凡！

269

一个心理学家——我指的是一个天生的、命中注定的心理学家和揭开灵魂之谜的人——越是专注于研究挑选的病例与个人，他被同情心所窒息的危险就变得越大。他比其他任何人都更加需要坚强与快乐。因为高等人以及独特类型的灵魂最终必然会腐败和灭亡，这是规律：总是看到这样的规律在眼前发生是很可怕的。这位心理学家发现了这种毁灭，发现了高等人的这一共同的内心绝望，这种从任何意义上来说都是永远的“太迟!”，它首先发生在一个病例中，然后几乎是持续不断地出现，贯穿了整个历史。那么这将使他遭受到多方面的折磨——这些折磨也许终有一天会导致他与自己的命运作对，满怀着痛苦，他会试图进行自我毁灭——这就导致了他自己的“腐败”。

在几乎每一位心理学家身上，人们都会感到，他们看起来更喜欢日常可见的、生活有序的人，并且乐于与他们交往：这就暴露了他总是需要一种治疗，需要一种逃避和遗忘，来远离所有那些他的洞察力、他的敏锐感觉和他的“职业”加在他良心上的负担。他的典型特征便是一种对于记忆的恐惧。他很容易因为别人的判断而保持沉默；他总是带着一副不变的表情在倾听，尽管他已经看到了别人正在向他表示崇拜、羡慕、爱慕和赞美——或者他甚至会为了隐藏起他的沉默，反而明确表示赞同某些大众所接受的观点。也许，他所处状况的矛盾性是如此的令人可怕，以至于正是在他学会把深切同情和极端蔑视相结合的地方，那些平民大众、知识分子和狂热分子也同样学会了最崇高的尊敬——尊敬那些“伟人”和天才，正是由于他们的缘故，人们才会祝福和尊敬祖国、尊敬地球、尊敬人类的尊严以及人们自己，并且向年轻一辈提到他们，教育的目的也就是为了培养像他们那样的人……

谁又知道在迄今所有伟大的事例之中所发生的又不是同样的情形呢：平民百姓崇拜一个神——而这个“神”又只不过是一个可怜的作

为祭品的动物。成功一向是个最伟大的说谎者——而且“作品”本身就是一个成功；伟大的政治家、征服者和发现者都被掩盖在了他们的成就之中，通常人们已经认不出他们了；“作品”，无论是属于艺术家还是哲学家，都创造了它们自身的创作者，或是创造了那些被人们所认为是其创作者的人；“伟人”，就如同人们所尊为的那样，只不过是那可怜的小小谎言所编造出来的后来结果；在历史价值的世界里，赝品占了统治地位。

比方说，那些伟大的诗人——比如拜伦、缪塞[①]、坡[②]、莱奥帕尔迪[③]、克莱斯特[④]和果戈理[⑤]（我不敢提及更加伟大的名字，但我指的是他们）——都是，或许肯定都是一夜成名的人物，他们充满了狂热，崇尚感觉，孩子气十足，举止轻浮，时而信任时而猜疑；他们通常试图掩饰自己灵魂中的破碎之处；常常由于某些内心的肮脏而利用他们的作品进行报复，常常想要远走高飞，逃离太真实的记忆，而躲进遗忘之中；常常迷失在泥潭里，并且几乎爱上了泥潭，直到他们变成了像是沼泽地周围的鬼火一般的东西，并如星星一般地闪烁——这时人们也许就会把他们称为理想主义者——常常与持续不断的恶心感

---

① 缪塞（1810～1857年），法国诗人，是法国浪漫主义运动的倡导者，他也写讽刺喜剧，比如《罗朗札齐奥》。

② 埃德加·爱伦·坡（1809～1849年），美国作家，以其阴森可怖的诗歌如《乌鸦》和短篇小说《厄舍府邸的倒塌》而闻名。

③ 贾科莫·莱奥帕尔迪（1798～1837年），意大利作家，他主要的散文作品有《散文、对话及思想》。

④ 亨利希·冯·克莱斯特（1777～1811年），德国作家，他的中篇小说和戏剧有《破瓮记》，其中涉及了人物在理智和情感、英雄主义和懦弱之间的折磨。

⑤ 尼科莱·瓦斯列维奇·果戈理（1809～1852年），俄国作家，被认为是俄国现实主义文学的奠基人。他的作品包括短篇小说《狂人日记》、《外套》及长篇小说《死魂灵》。

觉作斗争，时不时会带有一种怀疑情绪，这种怀疑使他们心情沮丧，并迫使他们为了追求荣誉而苦恼，以至于急切地从那些陶醉其中的奉承者手中夺去他们的“对于自我的信仰”——对于那些曾经猜测过他们的真实本性的人来说，这些伟大的艺术家和一切所谓的高等人是一种怎样的折磨啊！

这就很容易理解为什么这些人如此乐意从女人那里学到——她们在受难的世界里具有敏锐的洞察力，然而不幸的是，她们也渴望在远超出自身能力的情况下帮助和拯救他人——那种无拘无束而又最为投入的同情心的爆发，但大众，尤其是心怀崇敬的大众，却不能理解这种同情心，反而浪费了太多精力对此作出了许多好奇的、自我满足的解释。这种同情经常在其力量的问题上进行自我欺骗；女人宁愿相信，爱能够做到一切——这便是她们独特的信仰。唉，任何了解心灵的人都会认为，甚至连最热烈、最深沉的爱也是那么可怜、那么愚蠢、那么无助、那么傲慢、那么浮躁，与其说是拯救，还不如说是毁灭！

有可能，在那些有关耶稣生平的神圣寓言和伪装掩饰之下，隐藏着那些关于爱的知识的殉难的最为痛苦的事例之一：那个最天真单纯、带有最热烈渴求的心灵的殉难，它从未在任何人类之爱中得到过满足；它需要爱，需要被爱，除此之外再无其他要求，并且用强硬的态度、疯狂的行为以及可怕的暴怒来反击那些拒绝给它爱的人；这是关于一个可怜人的故事，他在爱中没有得到过满足，也无法得到满足，于是他便创造出了地狱，为了把那些不肯爱他的人都送到地狱里面去——等到最终他了解了人类之爱，他就必须创造出一个神来，这个神便是所有的爱、所有的爱的能力——他就会同情人类之爱，因为这种爱是如此粗鄙，如此无知！任何有这种感受的人，任何对爱有这种了解的人——都是在寻死。

但为什么要研究这样痛苦的问题？假如人们并非必须这样做的话。

270

每一个曾经深受痛苦的人所具有的精神上的傲慢自大与厌恶之情——这几乎就决定了人们所能承受苦难的深度的等级秩序——他那令人战栗的确定性彻底地渗入了他身上，改变了他的颜色，他深信凭借着他所经历的苦难，他所知道的事情要比最聪明、最博学的人可能了解的事情还要多，深信他知道自己所走的路，自己曾经在许多遥远的、可怕的世界里感到“轻松自如”，而“你们却对那些世界一无所知”——受难者精神上的这种沉默的傲慢，这种优等知识分子、“被启蒙者”和几乎是牺牲者所具有的骄傲，发现有必要利用各种各样的伪装来保护它自己，以免与行事鲁莽的怜悯之手相接触，总之，完全避免与没有经历过与其相等程度的痛苦的一切事物相接触。深切的痛苦使人变得高贵；它把人与人区别开来。

他们最为巧妙的伪装之一便是伊壁鸠鲁学说，以及某种有胆量去炫耀的癖好，这种癖好不把苦难当回事，并抵制一切悲伤和深奥的东西。这里有一些“欢乐的人”，他们利用欢乐，因为他由于其欢乐而被人所误解了——他们希望别人误解他们。还有一些“具有科学头脑的人”，他们利用科学，是因为科学创造出了一个欢乐的外表，还因为具有科学头脑意味着一个人很肤浅——他们希望诱使他人作出这一错误的推断。还有一些自由自在、傲慢无礼的人，他们想要隐藏并否认他们具有破碎了的、骄傲的、无法治愈的心灵（比如说，哈姆莱特[1]的愤世嫉俗——加利亚尼的事例）；有时候，一个不幸的、过于自信的知识分子甚至会把愚蠢也当成是一种面具。

由此可以得出结论，较为高雅的人性的典型特征便是尊重“面具”，并且不在错误的地方沉湎于心理学和好奇心。

271

把两个人最为深刻地分离开来的东西，是彼此不同的感觉和不同的洁净程度。彼此之间所有的礼貌行为、相互帮助和好心好意又有什么作用——最终事实依旧如此：“他们彼此无法忍受对方的气味！”

向往洁净的最高本能，使得具有这种本能的人感受到了最为古怪、最为危险的孤独，就像一个圣人：因为这正是圣人的特点——这一本能最高级的精神化。一个人在独自沐浴之时是否感受到了那无法描述的无边的快乐，或者，一个人是否感受到了某种热情与渴望正在不断地将灵魂带出黑夜，领向黎明，把灵魂从那一片模糊黯淡之中，从“阴暗的情绪”中拖出来，并促使它走向光明、辉煌、深邃和纯净的世界——正如这种特性所区分的那样——这是一种高贵的特性——它同样也把人与人分离开来。

圣人的同情心是为了同情那些人性的、太人性的东西所带有的污秽。但在某种程度和高度之上，他会觉得甚至同情心本身也是一种肮脏，一种污秽……

---

① 莎士比亚悲剧《哈姆莱特》中的同名主人公。

272

高贵的标志是：从来没有想过要把我们的责任降格为所有人都应该负有的责任；不愿意把自己的职责委托给他人，或与他人共同承担；并把自己的特权与履行特权看作是自己义务的一部分。

273

一个想要努力做一番大事的人，会把他在路上遇见的每一个人都看作是一种能够加以利用的手段，或是一种障碍和绊脚石——或看作一个暂时的休息场所。仅仅只有在他已经获得了其高位与统治权之时，他才会把他那特有的高级恩赐施予他的同胞。在此之前，他会满怀焦躁，并意识到自己会不得不经常上演喜剧——因为哪怕是战争也不过是场喜剧，也会掩饰，就像每一种手段都会掩饰其目的一样——也会毁了他所有的人际关系：这种类型的人了解孤独，也了解孤独所包含的最大的害处。

274

那些等待者所面临的问题——它要求有突如其来的好运，以及许多无法预知的因素，如果一个并不急于解决问题的高等人打算及时采取行动的话——打算“爆发”，人们也许会说。在通常的情况下这不会发生，在全世界的所有隐蔽角落里，都有一些人在坐着等待，他们几乎不知道自己是在用何种方式等待，更不知道他们的等待是徒劳的。有的时候，那个唤醒他们的呼喊——那个“批准”他们行动的机遇——来得太迟，这时他们都已经在静止的等待中耗尽了那适合采取行动的最美好的青春和最强大的力量；许多人在“跳起来”的时候都已满怀恐惧地发现，他们的四肢睡得太久，精神也变得太沉重了。“太迟了！”他们对自己说，他们失去了对自己的信仰，自此以后便永远没用了。

在精神领域中，“没有手的拉斐尔”这一短语，在其最宽泛的意义上，是不是有可能并非例外，而是通则？①

也许天才根本就不是那么稀罕的——稀罕的是那五百只手，天才有了它们，才能绝对统治“合适的时机”，才能抓住机遇的额发！

275

任何人，只要他不想看到一个人身上的崇高品德，他就会更加敏锐地寻找此人身上的卑贱之处，从而仅仅看到此人的表面——于是这样就暴露了他自己。

276

在各种各样的伤害与损失之中，较为低等的、较为粗俗的灵魂比更为高贵的灵魂的处境要好一些：后者所具有的危险肯定更大；同

① 拉斐尔（1483～1520年），意大利文艺复兴时期的画家和雕塑家，文艺复兴美术三杰之一。尼采此处暗指莱辛的剧作《伊米莉亚·加罗蒂》第一幕，第四场中的一句台词：“我的王子，或许你会认为，如果拉斐尔天生由于某种不幸而没有双手，那他就不会成为伟大的艺术天才？”

时，鉴于其生活条件多种多样，它实际上有极大的可能遭遇苦难与毁灭。

在蜥蜴身上，断了的爪子可以再长出来；而人的手指头却不能。

277

——糟透了！一模一样的老故事！当一个人把他的房子建好之后，他突然发现在建造过程中他已学会了一些东西，而这些东西则的确是他在那最不可挽回的时刻所必须知道的——在开始建房之前。现在却只剩下那永恒的、令人讨厌的“太迟了！”

这便是一切结束了的东西所感到的悲哀！……

278

流浪者，你是谁？我看见你正走着你的路，没有蔑视，没有爱，带着深不可测的双眼；像一个测深锤一般潮湿与悲伤，刚刚被从每个深渊里拉上来，重见天日，却感到不满足——它在下面寻找些什么？——胸中从来没有叹息过，嘴唇藏起了其厌恶之情，一只手现在只能缓缓地伸出：你是谁？你做了些什么？在这儿休息吧：这地方殷勤款待所有的人——打起精神来！不管你是谁：现在你想要些什么？你需要些什么消遣？说出来吧：我所拥有的一切都提供给你！

“消遣？消遣？你真是多管闲事！你都在说些什么！但给我，请求你——”

什么？什么？你说啊！

“另一个面具！第二个面具！”……

279

哀愁深重的人们在其幸福的时候便会暴露他们自己：他们拥抱幸福的方式，仿佛是出于嫉妒而要碾碎和勒死它：唉，他们只是很清楚地知道幸福会逃离他们。

280

“太糟糕了！什么？他——不回来了？”

是的，但如果你要因此而抱怨，那你就太不了解他了。他会回来的，就像每个想要跳得很高的人那样。

281

——“人们会相信我吗？但我要求他们必须相信我：我总是认为自己微不足道，总是认为自己不怎么样，只是在很少见的情况下，只是在迫不得已的情况下才会考虑到自己，并且总是对‘这一主体’不抱有任何渴望，老是想要脱离‘自我’；总是不相信这个结果，由于我总是忍不住要怀疑我自己不可能认识自己，这种怀疑影响如此之大，以至于甚至在那些理论家所认可的‘直接知识’这一观念中，我也觉察到了一种自相矛盾：这整个事实几乎是我对自己的了解之中最确定无疑的事情。我心中肯定存在着一种强烈的反感，不相信一切有关于我自己的确切的事情。”

“这或许意味着是一个谜？有可能；但幸运的是，没什么让我切齿痛恨的东西。”

“也许这暴露出了我属于哪一物种?”

“但我并不知道答案——我对此很高兴。”

282

——“你到底是怎么了?”

“我不知道,”他吞吞吐吐地说;“也许鸟身女妖[①]刚刚飞过了我的桌子。”

现在有的时候,一个性格温和、成熟稳健、沉默寡言的人会突然大发雷霆,把盘子摔得粉碎,掀翻饭桌,大声尖叫,咆哮不已,并且以粗野无礼的态度对待每一个人——最后他会独自走开,满怀羞愧,对自己感到愤怒——这又是为了什么?什么原因?想把自己饿死吗?想把自己窒息在回忆之中吗?

如果一个人渴望着高贵上等的灵魂,而同时又极少看到自己的饭桌被铺好,饭菜被做好,那么他发怒的危险在任何时候都会很大;但今天这种危险特别大。倘若把他丢进一个嘈杂的平民时代,而他又不愿意与那些人吃同一个盘子里饭菜的话,他就很容易死于饥饿和干渴,或者,假如最终他忍不住“开始吃饭”——他就会死于一种突如其来的恶心之感。

有可能我们所有的人都坐在并不属于自己的饭桌旁;正是我们之中那些最具精神化的、最难以喂养的人,才了解那种危险的消化不

① 希腊神话中有着女人的头和躯干以及鸟的尾巴、翅膀和爪子的可厌的、贪婪的魔怪。

良，这种病症是由于突然看清了我们的食物和与我们一起吃饭的人而感到失望所引起的——这便是饭后的恶心感觉。

283

假设一个人真的想要赞扬别人，而如果他总是只在自己与其意见有分歧的地方才赞扬，那就会伴随着巧妙而同时又高贵的自我控制：因为如果不这样的话，他的赞扬最终将会变成称赞自己，这就违背了高尚的趣味。这种自我控制同时还为不断的误解提供了绝妙的机会，并促使其发生。要使自己能够获得这一真正的奢侈趣味与道德，一个人就必须远离那些精神力量低下的人群，而要生活在另一群人当中，这些人由于其思想深奥，所以就连他们的误解与错误都那么让人觉得有趣——否则他就不得不为此付出高昂的代价。

"他称赞我：因而他认为我是对的"——这种愚蠢的推断将会毁坏我们这些隐士们一半的生命，因为它会促使那些傻瓜们想要成为我们的邻居和朋友。

284

带着一种巨大而又自豪的平静态度去生活；总是冷眼旁观——随意地拥有或者不拥有自己的感情，以及自己的赞成和否定；一连几个钟头把自己降低至它们的地位；坐在它们身上，就好像骑着一匹马，更多的时候则像是在骑驴——因为人们必须知道怎样去利用它们的愚蠢以及它们的热情。为自己保留三百个重要地位；同时也保留着自己的深色眼镜；因为在有些情况下，没有人可以观察我们的眼睛，更不会观察我们的“理由”。并且选择谦恭有礼这一顽皮而又欢乐的罪恶为伴。手中始终掌握着一个人的四种美德：勇气、洞察力、同情心与孤独。因为孤独对我们来说是一种美德，作为一种追求洁净的崇高爱好和欲望，它认为，人与人之间的一切交往——“在社会中”——都不可避免地包含着不洁净的成分。所有的社会团体都使人——以某种方式、在某种地点和某些时候变得“平凡”。

285

那些最伟大的事件和思想——但最伟大的思想就是最伟大的事件——都是最晚才被人们所理解：与它们同时代的那几代人不会经历这样的事件——这些事件恰好在他们死后才发生。这里发生的一切就有点像星际领域所发生的情况。那最为遥远的星星所发出的光亮，到达人们这里的时间也最晚；在它还没有到达之前，人们否认——那里有星星。“需要经过多少个世纪，一种精神才能够被人所理解？”——这也是一种标准；同样，一个人利用这种标准，也创造出了一种等级秩序和礼节，这些直到今天都是有用的——对于精神和星星而言。

286

“这儿自由眺望，精神无比昂扬。”①

但这里有一种与此类型相反的人，他们同样站在一个高点之上，同样能够自由眺望——然而他们却俯视下面。

---

① 这句话出自歌德《浮士德》第11989行。

287

——什么是高贵？今天，对我们来说，“高贵”这个词还有什么意义？在这一片即将由平民所统治的阴沉而忧郁的天空之下，一切都已变得晦涩而又沉重，是什么东西暴露了高贵之人，又是什么东西使人们得以认出他来呢？

并不是其行动证明了他的高贵——行动总是允许人们对其进行多种解释，总是深不可测的——也不是“作品”。在当今的艺术家和学者之中，人们发现了很多人在其作品中暴露了一种深切的、对于高贵的渴望是怎样驱使着他们的；但这种对于高贵的渴望却在根本上与高贵灵魂本身的需要不相同，事实上它反而明确而危险地标志着一个人缺少高贵的灵魂。在这里起决定作用的不是作品，而是信仰，它确定了等级秩序——为了在一种新的、更加深远的意义上重新使用一套古老的宗教术语：一个高贵的灵魂所拥有的某种对于自身的根本肯定，某种追求不到、寻找不到，也许还摆脱不了的东西。

高贵的灵魂尊重它自己。

288

有些人不可避免地具有精神；他们也许会随心所欲地扭来扭去，并用双手捂住他们那双会泄密的眼睛（仿佛手就不会泄露出机密似的！）——最后总是会暴露出，他们隐藏了某种东西，这种东西便是精神。若想至少是尽可能长时间地不被别人看穿，以及成功地在别人面前装出比自己本身更蠢一些的样子——这在日常生活中通常是必要的，就像雨伞一样——那么最为巧妙的手段之一便是那被人们称作热情的东西，如果我们还把那些属于它的东西包括进来的话；比如说，美德。加利亚尼应该知道这些，正如他所说的：美德就是热情。

289

在一位隐士的作品中，人们总是还会听到某种荒凉地区的回声，某种属于孤独的低声呢喃和偷偷观望；在他最强烈的用词中，甚至在他的叫喊里，仍然有一种新的、危险的沉默在回响——他把某种东西埋葬在了沉默之中。他一个人长期独自坐在那里，年复一年、日日夜夜地与自己的灵魂进行着秘密冲突和对话；在他的洞穴里——这里也许是个迷宫或者一个金矿——他已变成了一只洞穴之熊，变成了一个挖掘宝藏者，或者一个宝藏的守卫者，一条恶龙；这时，甚至连他的思想也最终呈现出一种独特的昏黄色彩，发散出一种来自于地层深处的霉味，成为了某种无法与人交流的、我行我素的东西，如同一阵冷风一般吹到每一个路人的脸上。

这位隐士不相信有哲学家——假如每个哲学家首先都是一个隐士的话——曾经在书中表达过自己真实的最终看法：人们写书不正是为了把其内心感受隐藏起来么？的确，他会怀疑一个哲学家是否有可能拥有“最终真实”的看法，会怀疑在他们的每一个洞穴之后难道就没有，难道就一定没有，另一个更深的洞穴——在表面现象之上，是否还有一个更加广阔、更加奇异、更加丰富的世界，在每一个理由之后，在每一种想要装点这些“理由”的尝试之下，是否存在着一个深不见底的理由。每一种哲学都是一种表面上的哲学——这是一位隐士的论断："当他在这里停下来，先是回头看，然后又东张西望的时候，当他不再往深处挖掘，而把他的铁锹丢在一边的时候，这些动作都带有某种随意性；同样还有某种可疑的东西在里面。"每一种哲学也同样隐藏了一种哲学；每一种看法也是一个藏身之处，每一个词也都是一个面具。

290

每一个深奥的思想家都害怕被理解甚于害怕被误解。后者也许会伤害他的虚荣心，但前者则会伤害他的心灵、他的同情心。他的心灵与同情心总是会说："唉，为什么你想要和我遭受同样的苦难呢？"

291

人类是一种复杂多样、喜欢撒谎、虚伪狡诈和难以理解的动物。在其他动物看来，人类简直不可思议，与其说是因为人类的力量，倒不如说是人类的狡诈与精明。人发明了善良的道德心，为了能够一次性地享受简单的灵魂；并且，整个道德观念是一种长期的、肆无忌惮的伪造行为，只有这样，人们才有可能在看到灵魂的时候得到享受。从这一观点来看，"狡诈"这一观念所包含的东西也许要比人们通常所认为的多得多。

292

一个哲学家——是一个不断地经历、看到、听到、怀疑、希望和梦想着非凡的事物的人；他会被自己的思想击中，仿佛其来自于外界、来自于上方和下界，就好像被自己这一类型的经历和闪电霹雳所击中一般；他自己也许就是一场孕育着新的闪电的暴风雨；是一个决定性的人物，在其周围不断地出现低沉的轰鸣和咆哮之声，不断地出现裂缝，以及离奇的事件。一个哲学家——唉，是一个通常逃离自我，通常对自我感到恐惧的人——但他太过于好奇，这使得他再次"恢复了知觉"——并总是回到他自己这里……

293

一个人如果说："我喜欢这个，我要把它据为己有，并且想要保护它，使它免于受到任何人的侵害"；一个人如果能够管理某样东西，能够执行某个决定，能够保持对于一种思想的信仰，能够抓住一个女人，能够惩罚那些过于冒昧无礼的人并使其屈服；一个人如果拥有自己的怒火与武力，而且那些弱者、受难者、压迫深重者和那些动物都想要投奔他，并出于本能要服从他，简而言之，一个人如果生来就是做主人的——当这样一个人具有同情心的时候，那么，这种同情心才是有价值的！但那些受难者的同情心有什么好处！或者那些更糟糕的人，那些鼓吹同情心的人！

在今天，我们几乎在欧洲各个地方都能找到一种病态的对于痛苦的敏感和感受；同样也能找到一种令人反感的无法抑制的悲伤，一种越来越多的柔弱气质，它们想要利用宗教，以及哲学上的那些小玩意儿，来把自己装扮成某种更加高级的东西——有一种名副其实的对于苦难的崇拜。我倒是认为，在这种狂热分子的群体之中，那一被称作“同情”的东西所带有的女人气，总是最为引人注目。

这一最新种类的不良趣味应该被强制和彻底地驱逐出去；最后，我希望人们能够在他们的心和脖子周围挂上“gai saber”这个有效的护身符——用平民大众都听得懂的话来说，这个短语的意思就是“快乐的科学”。

294

奥林匹斯山[①]上的恶习——尽管有个哲学家，一个地道的英国人，曾经试图在所有的思想者面前把笑说成是一种坏习惯——“笑是人性中的一个大缺点，每一个有思想的头脑都会努力去克服这种缺点”（霍布斯）——而事实上，我倒要冒险根据他们笑的等级来划分哲学家的等级——处于最高一等的是那些能够发出洪亮笑声的哲学家。假如诸神也会思考哲学上的问题，这个结论是我经过了各种各样的推论之后才得出的——我将不会怀疑，他们同样也知道怎样用一种超过常人的新方式去笑——哪怕这会耽误一切严肃的事情！诸神都喜欢嘲讽：仿佛甚至是在举行神圣仪式之时，他们都忍不住要发笑。

---

① 希腊神话中众神居住之所。

295

心灵的守护神，就像那位伟大的隐居者所拥有的那样，那位诱惑之神和天生的诱骗良心者，他的声音知道如何去下降到灵魂的最底层；他所说的每一个词，所做出的每一个眼神，都无不带有深思熟虑和隐秘的诱惑；他所掌握的知识之中包括了怎样去呈现自己——不是以他的本来面目，而是以在他的那些追随者眼中所看到的样子，并强迫他们更加靠近他，以便能够在精神上更好地追随他，更加彻底地追随他——心灵的守护神使得一切喧嚣和自鸣得意之物都归于沉寂，并教会它们如何去倾听；他抚平了狂暴的灵魂，并让它们感受到了一种新的渴望——渴望像一面镜子那样平静地躺下，镜中也许就会映出那深沉的天空——心灵的守护神教会了人们如何去停下自己那双愚钝而又鲁莽的手，使它们用一种更加高雅的姿态伸出来；他推断出了那些隐藏着的、被人们遗忘了的宝藏，推断出了那些埋藏在昏暗的、厚厚的冰层之下的点点滴滴的优雅以及令人愉快的灵性，并且成为了一根神圣的手杖，能够探测出那些长期以来埋藏在满是泥沙的地牢中的每一粒黄金；心灵的守护神触摸着人们，每一个被其触摸过的人在离开之时都会变得更加富有，并非是他们得到了恩惠而感到惊奇，也不是由于得到了意外之财而感到高兴或压抑，而是其自身感到充实，感到自己比从前更加精神振奋，仿佛一阵解冻的风吹过，冰雪消融，也许会感到更加没有把握、更加柔弱、更加易碎、更加脆弱，但在内心却充满了至今还叫不出名字的希望，充满了新的意志和趋向，充满了新的不满和回潮……但我正在干些什么，我的朋友们？

我是在向你谈论谁来着？我的记性是不是这么差，以至于我甚至都忘了把他的名字告诉你？除非是你自己已经猜到了，这位可疑的精神与神灵便是那个想要别人用这种方式称赞他的人。因为，正如每一个自从孩提时代起就一直走自己的路、一直漂泊在异乡的人所经历的那样，我也曾经遇到过许多奇怪的、并非完全没有危险的人，但主要是我刚才谈到的那个人，我一次又一次地谈到了他——其实，这个人就是酒神狄俄尼索斯，这位伟大的态度模糊之人和诱惑之神，就像你们所知道的，我曾经私下里带着无比崇敬的心情把我那头胎生的孩子[①]献给了他——在我看来，我是最后一个向他供奉祭品的人：因为我已经发现，在我这样做的时候，没有一个人能够理解我的行为。

与此同时，我学到了很多，学到了太多的关于这位神灵的哲学，而且，正如我所说过的，许多人都知道了——我，酒神狄俄尼索斯的最后一位弟子和信徒——我的朋友们，我在思考着，如果我被允许这样做的话，我是否最终可以让你们也来稍微品尝一下这种哲学？我会低声向你们诉说，只有低声才适合谈论这种哲学，因为它牵涉到了许多隐秘的、新的、奇异的、古怪的、不可思议的东西。

狄俄尼索斯是一位哲学家，因而众神也同样都有自己的哲学，这一点甚至让我也觉得新奇，然而这并非无关紧要，也许它恰恰就会在哲学家中间引起怀疑。我的朋友们，在你们之中，它将不会多么令人不快，除非是人们没有在正确的时间发现它，而是发现得太晚；因为在今天，就像我所知道的，你们已经不再想要信仰上帝和诸神。是否有可能，有时我在叙述的时候也会不得不说得更坦率一些，而不是一

① 这里指的是尼采在1872年出版的处女作《悲剧的诞生》。

直迎合你们的耳朵所带有的那些严格的习惯？可以肯定，我们正在讨论的那位酒神在这一类的谈话之中已经走了很远，走得非常之远，总是领先我许多步的距离……

确实，如果能够根据人类的习俗给他授予许多庄严的、炫耀性的以及显示美德的头衔，我早就把一大堆赞扬话给他那作为探索者与发现者的勇气、他那大胆的诚实态度、他的真诚以及他对智慧的热爱了。然而，对于这样的一个神而言，所有这些令人尊敬的垃圾头衔和炫耀性的虚名都毫无用处。“把这些都收起来，”他会说，“留给你们自己和你们的同类，还有其他所有需要它们的人！我——没有任何理由要去遮掩我赤裸的身体！”

人们于是就猜测：这一类的神灵和哲学家是不是缺少羞耻心？

因而，他有一次这样说道：“在某种情况下，我喜欢人这种东西”——说这些话的时候，他指的是当时在场的阿里阿德涅——“我认为人类是一种令人愉快的、勇敢的、有创造力的动物，在地球上没有什么能与之匹敌；他们能在任何迷宫之内找到出路。我对人类怀有好感：我经常在思考，我如今要怎样才能使他们进步，使他们变得比现在更加强壮、更加邪恶和更加深刻。”

“更加强壮、更加邪恶和更加深刻？”我惊愕地问。“是的，”他又说了一遍；“更加强壮、更加邪恶和更加深刻；同样也更加美丽”——这位诱惑之神对此露出了平静的笑容，仿佛他刚才说了一番动人的赞美之辞。这里我们同样可以看出：这个神所缺少的不仅仅只是羞耻感觉——这里同样有另外的理由可以充分说明，所有的神都可以从我们人类这里学到一些东西。我们人类——更有人情味……

296

唉，你们到底是些什么，我所写下和描绘出的那些思想！在不久以前，你们还是如此鲜活、如此年轻、如此恶毒，充满了荆棘与暗香——你们使得我打喷嚏和发笑——但现在呢？你们已经不再让人感到新鲜，我恐怕你们之中的某些东西就快要变成真理了：它们做好了准备，看起来是那么不朽、正直得那么可怜、那么乏味！过去曾有何不同？那么我们抄录、写下和画出的都是些什么东西呢，我们这些使用毛笔的官吏，我们这些让可写之物变得不朽的人——我们所能画出的唯一的东西是什么呢？唉，画出的始终都是些即将枯萎、即将失去其芬芳的东西！唉，都只不过是些能量耗尽的、已经过去了的暴风雨，以及如秋天落叶般枯黄的感情！唉，都只不过是些已经飞得疲惫不堪的鸟儿，于是它们便飞入了迷途，现在甚至能够被用手捉住——被我们的手！我们把那些活不了太久、飞不了太久的东西变为不朽之物——它们都只是些疲倦和柔软的东西！仅仅是为了你们的午后，你们，我所写下和描绘出的思想，我才拥有了颜料，也许有许多种颜料，许多种五颜六色的颜料可以给你们涂抹，其中黄色、棕色、绿色和红色各有五十种：但没有人会由此去猜测你们在上午是什么样子，你们这些从我的孤独之中突然迸发出来的火花与奇迹，你们这些我长久以来所深爱的——邪恶的思想！

高山之歌：终曲

哦，生命的正午！哦，欢庆的时刻！
哦，夏日的花园！
我站在此地，满怀着不安的幸福与期待，
整日整夜地观望，等待着朋友们的到来，
你们在哪，朋友？来吧！是时候了！要迟到了！

为了你们，灰白的冰川今天用玫瑰
把自己装扮；
溪流追寻着你们，满怀着渴望与思念
把风儿与云朵卷上那片苍穹蓝天
为了寻找你们的踪迹而极目鸟瞰。

我已为你们铺好了餐桌，在天之顶点：
谁又如此靠近
那些星辰，或是有这一半陡峭的深渊？
我这独一无二的王国几乎是广阔无边，
还有我那甘甜的蜂蜜——谁又来尝鲜？——

——你们在彼岸，朋友！——唉，你们要找的人
难道不在这边？
你们对此迟疑不决，惊奇不已？甚至开始埋怨！
我——莫非已不像从前？面容与步态都已改变？
我是什么——对你们而言，朋友，难道我不合你们心愿？

难道我成了另一个人？疏远了自我？难道——
我已逃离了自身？
一个总是过于自我克制的角斗之人？
太过于频繁地与自我的力量较劲，
却被自己的胜利所伤，停止了前进？

我是否曾在疾风最为肆虐之地努力找寻？
我是否已学会了
居住在荒无人烟之所，栖息在凄凉的极地阴间，
忘却了人类与上帝，连祈祷和诅咒也记不齐全？
变成了游荡在冰川之上的孤魂一片？

——我的老朋友们啊！唉！你们显得那么震惊，
因为爱与恐惧而惊愕万分！
不，走开！切莫发怒！你们——不能在此生存——
这片遥远的大地上覆盖着岩石与坚冰——
在这里，人们必须成为猎手，就像那些岩羚。

我已经变成一个用心险恶的射手——我的弓箭
只把它的目标来亲吻；
但只有那最强壮的人才像我这般张弓拉弦。
也没有箭能像我发出的箭这样准确而危险：
为了你们自己着想，朋友——离开这里，快点！……

你们走了么？——我的心：没有谁像你这般渴望。
你依然怀有强烈的梦想：
别把你的大门关上；新朋友也许会来拜访。
让那些故友走吧。不要把记忆与别人分享！
从前你拥有青春——如今你更是年轻力壮！

是什么曾使我们互不分离，一条希望的纽带——
可谁又能够辨认出
爱在上面刻下的痕迹，和暗淡的诗行？
我曾将它比作无人愿碰的羊皮纸一张
——早已褪色、暗淡无光、烧得焦黄。

再也没有了朋友——我对此无话可讲——
但总有一个幽灵
在深夜敲打我的门，想要唤醒我的信仰，
它望着我说："我们曾经是朋友？"——
——啊，憔悴的言语，曾经如同玫瑰般芳香！

青春的渴望曾经误解了变化无常的原因。
那些我过去断定
已变成我的亲戚、我渴望成为其朋友的人，
都已老去，那古老的亲属关系也荡然无存：
人们若想继续与我沾亲，就必须改变自身。

哦，生命的正午！我们的第二次青春！
哦，夏日的花园！
我站在此地，满怀着不安的幸福与期待，
整日整夜地观望，等待着朋友们的到来，
等待新的朋友！来吧！是时候了！要迟到了！

歌已唱完——那悦耳地带着渴望的呼喊
也已在我口中消散：
因为一位奇才就要到来，如同干旱中的雨水，
这位正午之友——不，不要问我他是谁——
正午时分，我们从一点等到两点……

确信我们胜局已定，我们便开始举行庆典，
摆上了盛宴中的盛宴：
朋友查拉图斯特拉到来，嘉宾中的嘉宾！
如今全世界都在大笑，撕破了恐惧的帷帘，
光明与黑暗就要联姻，婚礼即将上演……